Erhard-Christoph Baur

Primitiae typographicae Spirenses

oder Nachrichten von der ersten und berühmten Drachischen

Buchdruckerei in Speyer etc.

Erhard-Christoph Baur

Primitiae typographicae Spirenses
oder Nachrichten von der ersten und berühmten Drachischen Buchdruckerei in Speyer etc.

ISBN/EAN: 9783744636018

Hergestellt in Europa, USA, Kanada, Australien, Japan

Cover: Foto ©Andreas Hilbeck / pixelio.de

Weitere Bücher finden Sie auf **www.hansebooks.com**

PRIMITIÆ
TYPOGRAPHICÆ SPIRENSES,

Oder

Nachrichten

von
der ersten und berühmten
Drachischen

Buchdruckerey

in der
Reichs-Stadt Speyer

und

denen in dem XVten bis zu Anfang des
XVIten Seculi daselbst
gedruckten merckwürdigen Büchern,

Wie auch dem ersten und raren
Speyrischen Neuen Testament

Mitgetheilet

von

Erhard Christoph Baur,

der Reichs-Stadt Speyer Raths-Consu-
lenten und Syndico.

Speyer,
Verlegts Joh. Heinrich Zeuner, 1764.
Franckfurt, bey Joh. Friederich Fleischer.

Denen

Hoch= und Wohl=Edlen, Ehrenvesten
Fürsichtigen, Hoch= und Wohlweisen

HERRN

Burgermeistern

und

Rath

Wohl=Löblicher
des Heiligen Reichs Freyen Stadt

Speyer,

Meinen großgünstig Hochgeehrtesten
und Hochgebietenden Herren.

Hoch= und Wohl=Edle,
Ehrenveste, Fürsichtige, Hoch=
und Wohlweise,

Großgünstig Hochgeehrtest und
Hochgebietende Herren!

Unter die rühmliche Veran=
staltungen, welche Euer
Hoch= und Wohl=
Edel ꝛc. Regiments=
Vorfahrere bereits in denen ältesten

)(3 Zei=

Zeiten, durch ihre Canzley, vorkeh=
ren laſſen, gehören ins beſondere, die
genaue und ordentliche Einträge und
Verzeichniſſe, aller von Jahr zu Jahr,
den Rath beſeſſenen Regiments = Per=
ſonen, nach ihren verwalteten Aemtern
und der ſo oft allhier vorgegangenen
Regierungs = Form, wovon zwey voll=
kommene Codices, aus denen Jahrhun=
derten und von ſelbigen Zeiten an, als=
balden man auf hieſiger Canzley alles
ſorglicher aufzuzeichnen angefangen
hatte, bis auf die Franzöſiſche Zer=
ſtörung dieſer Stadt a. 1689. übrig

ge=

geblieben und von dem Brand errettet worden sind. Es unterhalten diese ein schätzbares Angedencken, von so vielen rechtschaffenen und vor das gemeine Stadt-Wesen ehedem sich so hoch verdient gemachten Männern und Regenten, und eine angenehme Nachlese und Aufmunterung vor die Nachkommenschaft, um sich, bey dem Antritt der Raths-Ehren-Stellen, durch getreue und unermüdete Sorgfalt, in denen ihnen anbefohlenen Aemtern bey Unserm Allerdurchlauchtigsten Ober-Haupt, allergnädig-

)(4   stes

stes Wohlgefallen, und auch ihrer an=
vertrauten Bürgerschaft, Ehre und
Lobes, gleich deren Vorfahren zu er=
werben. Aus diesen ist nun auch, der
hiesige erste und vornehme Buchdru=
cker, weyland Herr Peter Drach
gewesen, von deme gegenwärtige Ab=
handlung verfasset habe, und welcher
sich durch die erste dahier angelegte
vortreffliche Druckerey und daraus
erschienenen vielen und durchgehends
sehr raren Büchern, den billigsten
Nachruhm erlanget, und wohl ver=
dienet hat, Ihn und seine hierunter

ver=

verwendete Bemühungen der Vergeſſenheit zu entziehen: benebens er ſich,
während ſeiner bis gegen dreyßig Jahr,
bekleideten Raths-Stelle und Aem-
ter, nach Ausweiß derer Acten zu vielen, damahlen vorgeweſenen wichtigen
Verrichtungen wohl gebrauchen laſſen.

Ich habe dahero den Anlaß genommen, dieſes aus denen, in der Abhand-
lung berührten, Urſachen in den Druck
gegebene kleine Wercklein, Euer
Hoch- und Wohl-Edel ꝛc. zuzu-
eignen, indeme ſchicklich und ſchuldig
zu ſeyn ermeſſen, bey Denenſelbigen
das

das Andencken eines ehemaligen vornehmen Mitgliedes des Speyerischen
Raths, von neuem zu erwecken, da
nicht alle die Zeit und Gelegenheit haben, wegen sonderen Personen, aus
dem Alterthum, in denen, in dem
Archiv, zerstreueten Stücken, sich um-
zusehen, in selbigen aber von dessen
Verdiensten bey denen Gelehrten, wegen der vielen von ihme gedruckten
merckwürdigen Büchern, sich gar
nichts vorfindet, als welches an einem andern Ort, nemlich in denen
mit der Raths-Bibliothec in dem
Brand

Brand aufgegangenen Catalogis, an=
zutreffen ware. Ich bin auch, einer
hochgeneigten Aufnahm, dieser meiner
Unterständniß, um so mehr versichert,
als dieselbe bereits, vor etlichen Jah=
ren, einige wenige, wegen ihrer Sel=
tenheit nicht leicht zu habende Bücher
Drachischen Druckes in ihre Raths=
Bibliothec, erkauffen lassen und in sel=
bigen das Andencken ihres ehemaligen
Raths = Freundes zu erhalten beflissen
seyn, auch nach Vermögen trachten
werden, so viel deren noch zu erstehen
wären, in selbige zu bringen, zu wel=
chem

chem Ende gegenwärtige deren mögli=
che Verzeichniß, ihren künftigen Biblio-
thecariis, dienlich seyn kan. Dann
Euer Hoch= und Wohl=Edel
und deren Seel. verstorbenen Vor=
fahren, nach Wiedererbauung dieser
Stadt, der Ruhm gebühret, daß Sie
neben getreuer Verwaltung des Ærarii
und bestrittenen mancherley schweren
Kosten: auch grösten Theils von sich
gewälzten aus denen vorigen Seculis,
und vor der Zerstörung, überbliebenen
Schulden=Lasts, in ihr neugebautes
schönes Raths=Haus eine gute Biblio=
thec

thec angeleget, und die Wände des
grossen Raths=Saals nicht mit Ta=
peten, sondern solchen durchaus, mit
von Büchern und stattlichen Werckern
angefüllten und sauber ausgearbeiteten
mobilen Kästen, gleich ihre daran stof=
sende Raths=Stube, mit denen in
Lebens=Grösse gemahlten Bildnüssen,
aller von Zeit der Wiedererbauung
ihrer Stadt glorwürdigst regierten
Kaysern, ausgezieret haben, worü=
ber alle Fremde ein Vergnügen bezeu=
gen. Und wie glücklich würden Sie
erst gewesen seyn, wann die übergros=

se

se Auslagen für Kriegs- und durch andere Reichs-bekannte Schickſaale, Ihnen zugefallene Koſten, nach ihren wohlgemeynten Abſichten zu dem gemeinen Beſten verwendet werden, und damit eine völlige Erhohlung erfolgen können, die nun abermahlen, bis auf beſſere Zeiten, ausgeſetzet verbleiben muß, und von der Göttlichen Vorſehung unter dem Schutz Unſers Allergnädigſten Kayſers und Herren zu verhoffen ſtehet. Welches am Ende ſeiner ſieben und dreyßig jährigen dahieſigen Dienſtzeit, annoch zu erleben

und

und den zunehmenden Flor dieser
Stadt und Bürgerschaft anzusehen,
unter erbittender großgünstiger Aufnahm dieses geringen Opusculi und
fernerer angelegentlichen Empfehlung,
zu Dero bis anher erzeigten vielen
Gewogenheit, grundmüthig anwün-
schet, auch zugleich in ohnabläßiger
Beeifferung zu allen angenehmen
Dienstgefälligkeiten, mit der jeder-
zeit schuldigst dargelegten, und während meiner Tage also fortsetzenden
Ehr-

Ehrerbietigkeit und Hochschätzung

beharret

Euer Hoch- und Wohl-Edel zc.

Meiner großgünstig Hochgeehrtesten
und Hochgebietenden Herrn

Speyer, den 2. May
1764.   gehorsamster

Erhard Christoph
Baur.

Cele-

Celebrium Typographorum eadem effe
& notitia & *memoria* debet, quæ Viro-
rum doctorum.   *Morhof. in Polybist.*
Tom. 1. *Libr.* 1. *Cap.* 7. *num.* 37.

———————————————————

Jch habe im Jahr 1756. das Leben
des Stadt Speyrischen Ge-
schichts = Schreibers, weiland
Herrn Christoph Lehmanns, zu
Franckfurt am Mayn, in Verlag Herrn
Johann Friederich Fleischers, zum Druck
gegeben, und darinnen diesen gelehrten
Mann, nach allen seinen getragenen Wür-

A   den,

den, zuerſt alſo beſchrieben, in welchen der=
ſelbe, vorhero, niemanden bekannt geweſen
iſt: Auch aus ſo vielen gelehrten Anzeigen,
vergnüglich entnommen, daß dieſe Lehman=
niſche Lebens=Nachrichten eines allgemei=
nen Beyfalls gewürdiget worden.

Nun ſind gegenwärtige, zu gleichem
Endzweck verfaſſet, um das Angedencken
eines andern, zu ſeiner Zeit berühmten und
bey denen Gelehrten beliebt geweſenen
Manns, nehmlich des ehmaligen Stadt=
Speyriſchen Rathsherrn und erſten Buch=
drucker allda, **Peter Drachen,** aus der
Vergeſſenheit zu ziehen, und ſeine groſſe
Verdienſte um die Gelahrheit, durch deſſen
aufgerichtete, anſehnlich und ſo viele Jahre
unterhaltene Druckerey, näher zu veroffen=
baren. Dann obwohlen dieſer Name der
erſten Sammlung derer Reichs=Abſchiede
vor= und denen aus dieſer Druckerey gekom=
menen Büchern, meiſtens nachſtehet, mithin
ſo unbekannt nicht geblieben, deſſelben auch
von dem Maittaire in annal. Typogr. p. 83.
bereits ad a. 1477. gedacht wird; iſt dan=
noch dieſer Officin und deren Urheber, die
ſonſt wohlverdiente Ehre, gleich ſeinen
Landsleuten denen Buchdruckern zu Vene=
dig, Johann und Jacob Wendelin, Gebrü=

deren

deren von Speyer nicht wiederfahren, daß
Peter Drach unter die Zahl derer vornehm-
sten Buchdruckern gesetzt worden wäre, als
welchen, allenthalben, aus deren Verzeichniß, wie bey dem Joh. Alb. Fabricio in Bibl.
Latina Tom. & cap. ultimo, dem Göttlichen Geschencke der edlen Buchdruckerey.
Erfurth 1740. 8vo p. 142. und andern, ge-
lassen finde, zweifelsfrey, weilen die Menge
derer aus dieser Druckerey in dem XVten
Jahrhundert erschienenen vortrefflichen
Büchern, bishero niemand beobachtete,
welche doch an der gedruckten Bücher-Zahl
und Dauer, die Wendelinische zu Venedig,
weit übertroffen: obwohlen selbige etliche
Jahr eher als die Speyrische angeleget, aber
schon a. 1470. durch den Tod Johann Ven-
delini unterbrochen, von dessen Bruder Jacob zwar fortgesetzt, alleine nicht länger als
bis a. 1473. getrieben wurde. Es kommt
auch ausser diesem noch so vieles bemer-
ckungs-würdige vor, welches Auswärtige
nicht wohl wissen können, und bisanhero in
schriftlichen Urkunden verborgen lage.

Diesem nach gereichet es allförderist der
Reichs-Stadt Speyer, zu einer nicht geringen Zierde und Ehre, daß in selbiger c. a.
1471. bey ihrem in dem XV. Sec. ohnehin

noch gebluͤheten Zuſtand, neben denen damaligen fuͤrtrefflichen Tuͤcher-Fabriquen,
Faͤrbereyen, und aus ihrer Gemarck gezo-
genen groſſen Farben-Handlung, mit
Safflor, Faͤrber-Roͤthe und Zwiebel-Saa-
men, wovon die meiſte Felder angebauet
waren, von welchem aber zu Speyer kaum
das Angedencken uͤbrig geblieben, und an
deren ſtatt, in dieſem Jahrhundert die Ta-
backs-Plantage gekommen iſt, welchen man
fuͤr den beſten im Lande haͤlt, gar bald eine
der anſehnlichſten Buchdruckereyen an dem
Rheinſtrom, angeleget worden, als in a.
1462. die groſſe Veraͤnderung mit der Stadt
Maynz ſich zugetragen, und bey damaliger
Zerruͤttung die Buchdrucker-Kunſt-Ver-
wandte, in andere Staͤdte Teutſchlands und
auſſer dem Reich ſich begeben hatten, welche das von Fauſt und Schoͤffer in Maynz,
bis dahin noch beybehaltene Geheimniß dieſer edlen Kunſt alſo verbreiteten, daß in denen erſten 10. Jahren hernach, auſſer
Straßburg, welche ohnehin ſchon ihren be-
ruͤhmten Johann Maͤntele bey ſich hatte,
von welchem und denen ihme gefolgten
Buchdruckern daſelbſt, Herr Prof. Schœpf-
lin in ſeinen Vindiciis Typographicis
Cap. X. ausfuͤhrlichen Bericht giebet, am
Ober-Rhein zu Colmar, Schlettſtadt, Ha-
genau,

genau, Worms, Oppenheim, unter diesen
aber zu Speyer, wohl zuerst, die Buchdrucker-
Pressen im Schwange giengen, deren
rühmliche Urheber die Peter Drachische Familie ohnstrittig gewesen, wobey jedoch zu
bewundern ist, daß in keiner Speyrischen
Chronic, von dem Anfang dieser allda an-
gelegten Druckerey etwas aufgezeichnet
worden, da doch in demjenigen MSCT.
dessen Herr Lehmann sich bedienet, weit
minder erhebliche Dinge vorkommen.

Ich ertheile hiebey eine noch niemand be-
wußte Nachricht, die weilen jedermänniglich
vermeynen wird, ob seye der Peter Drach,
unter dessen Namen die Speyrische Bücher
gedruckt zu sehen, eine Person gewesen, allein es waren derer Peter Drachen, vier,
eines Namens, und Geschlechts in gerader
Abkunft: Als 1) Peter Drach der Vater,
2) Peter Drach, der Sohn und berühmte
Buchdrucker, von dem wir hier eigentlich
handlen, 3) Peter Drach, der Enckel, Buchdrucker und Schultheiß zu Speyer, welcher
die Reichs-Abschiede herausgegeben, und
4) Peter Drach, der Urenckel, Canonicus
ad St. Guidonem dahier. Und hier, der
Zeit nach, müssen auch die Ausgaben ihrer
Bücher unterschieden werden. Der Va-

A 3

ter,

ter, nannte sich zum Unterschied seines damaligen Sohns, der **Aeltere.** Dann in
einer Schrift an den Rath, sein Sohn Peter Drach, dem Wort **Aeltere** eigenhän-
dig am Rand: Meynß Fatter Seligen,
beysetzte. Ob der alte Peter Drach die
Buchdrucker-Kunst auch erlernt, und mit
seinem Sohn in Gemeinschaft geführet habe? Hiervon hat man keine Anzeige, dann
in allen, von a. 1477. und hernach gedruckten Büchern nur von einem, welches der
Sohn unstrittig gewesen, Erwehnung geschehen, und finde ich in dem einigen bey
Num. X. a. 1481. vorkommenden Werck,
welches in der Reichs-Stadt Memmingi-
schen Bibliothec sich befindet, da er sich Petrum Drach Juniorem nennete, weiter zu
Speyer von seinem Vater wenig aufgezeichnet, ausser daß die würdige und hochgelehr-
te Herr Florenz von Venningen und Herr
Valentin von Dürckheim, über dessen
Verlassenschaft die Erbs-Interessenten
vertragen haben, welches in denen 1480ger
Jahren, da er noch lebte, geschehen seyn
mag.

Es bleibt demnach der Peter Drach, Fil.
die Haupt-Person, die ich hier einführe, als
der erste Buchführer und Buchdrucker, dessen

sen Officin so berühmt und bis zu End des
XV. und Anfang des XVIten Seculi, im vol-
len Gang gewesen. Er war ein gebohrner
Speyrer in der Zunft derer Münzer oder
Hausgenossen. Aus dieser Familie ist sonder Zweifel, Herr Conrad Drach, Dechan
von St. Thoman zu Straßburg, entspros-
sen, welcher in der Mitte des XVten Jahrhundert, diese geistliche Würde bekleidete,
von dem vielleicht herrühret, daß die
Drachen zu Speyer das Jus Patronatus bey
einer Caplaney dieses Stifts exercirten, und
jederweilen einen Caplan daselbst einsetzen
konnten.

Im Jahr 1477., in welchem sein erstes
in gegossenen Schriften abgedrucktes Buch
Num. 2. erschienen, ist unser Peter Drach
in den Rath zu Speyer gekommen, und in
fastis Consularibus, zum Unterschied seines
Vaters: Peter Drach der Junge einge-
schrieben: Er verwaltete binnen 25. Jahren alle Raths niedere und Ober-Aemter
bis zur Burgermeisterlichen Würde, starb
a. 1504. und hinterließ 3. Söhne: Peter
Drachen, der seine Druckerey und Buch-
handel fortführete, und Gerichts-Schult-
heiß zu Speyer von a. 1500. bis 1530. war:
Lic. Johann Drachen des geistlichen Ge-

A 4   richts-

richts Advocaten a. 1504. und 1518. Raths-
Advocaten. Sodann Thomam, welchen
er dem geistlichen Stand widmete, und ihme die Caplaney bey St. Thomæ Stift zu
Straßburg als Patronus conferirte, an
welchem er aber alles gedrängte Herzleyd
erlebete, so daß er und seine Frau, Ihn, in
ihrem a. 1503. errichteten Testament ent-
erbten, auch darinnen weitläuffig die Ursachen sothaner Entsetzung anführeten, welches dieser und vieler anderer merkwürdigen
Umständen halber, unsern Nachrichten alles seines Innhalts hinten anzuhängen,
dem Leser nicht unangenehm zu seyn, ver-
hoffe.

Die Bücher, welche die ein halbes Jahrhundert fortgegangene Drachische Presse
verlassen haben, sind von nicht geringer Er-
heblichkeit, dann aus deren Verzeichniß zu
entnehmen, daß Peter Drach, die beste und
selbiger Zeit in allen Theilen der Gelahrheit
und Wissenschaften gebräuchlichste und in
Kirchen nöthige Bücher, die Medicinische
ausgenommen, theils von neuem, oder zuerst,
theils schon anderwärts ausser dem Reich
gedruckte auflegen lassen. Es wurden ihme von Orten her Bücher zu drucken zuge-
schickt, wie aus Maynz a. 1497. selbst
be-

beschehen, welches die dasige Abnahm der
Schöfferischen Pressen anzeiget: womit er
bey denen Gelehrten in grosses Ansehen
kam, welche ihme wegen seines wohl be-
sorgten Drucks, Fleisses und Aufmerksam-
keit, die gröste Lobeserhebungen beylegten,
wie hie und da in denen folgend verzeichne-
ten Büchern zu finden ist.

Er nennet sich darinnen nur Civem Spirensem, bis er in denen Raths-Aemtern
höher gestiegen war, da er den Namen Vi-
ri Consularis angenommen, nicht, ob wäre
er Burgermeister gewesen, sondern weilen
in denen ältesten Zeiten alle Herren des
beständigen Raths, oder Dreyzehnere, das
Prædicat Consules führeten, und die Burgermeistere Magistri Civium hiessen, welches aber in dem XVten Sec. abgekommen,
da die Burgermeistere mehrentheils Consules genennt wurden: Hat also Peter
Drach die alte Weise noch beybehalten.
Weilen er zugleich Verleger und Drucker
gewesen war, auch zu Worms sein eigen
Haus, eine darinnen völlig eingerichtete
Oeconomie und Verlag gehabt, gelangete
er zu einem ansehnlichen Vermögen: Aus
einem noch vorhandenen Inventario über
seine Kleinodien, Gold und silberne Gefässe,

A 5   Haus-

Hausrath, Bettwerck ꝛc. ersiehet man deren Menge mit Verwunderung, von seinen in der Stadt und andern Orten besessenen unbeweglichen Gütern, Gülten und Capitalien nichts zu gedencken.

Er bezeugte aber auch mit seinem eigenen Exempel: daß Guth Muth mache: dann er auf jenes nicht selten trotzete, besonders in einem zwischen ihme und dem damaligen Vicario der Dom-Kirche, Namens Johansen Kempffin a. 1496. wegen einer Schuldforderung an letzteren, vorgefallenen merckwürdigen Handels- und auf offentlichen Strassen sich erhobenen Strittigkeit, worüber der Geistliche den Peter Drachen, vor den subdelegirten Päbstlichen Richter Eustachium Mönch nacher Worms citirete, welcher Peter Drachen in eine Pön von hundert und vierzig Gulden verurtheilte und den Executorial-Brief, mit Bedrohung des Bannes, durch den geistlichen Gerichts-Procurator zu Speyer, Sebastian Funckart, an die Dom- und Peter Drachen Pfarrkirchen, anschlagen lassen, welchen aber in Abwesenheit ihres Herrn vier von dessen Buchdrucker-Gesellen oder Knechten, wie man sie damalen genennet, in ein Haus zurücke gejaget, und die angeschlagene Process

ceſs abgeriſſen haben. Dieſes alles hat der
Peter Drach gut geheiſſen, und als darauf
der Procurator ihme die Proceß in ſeinem
Haus unter Augen verkünden wollen, ant=
wortete er dieſem: Ob er nit wiſſe wer
Peter Drach ſy, Er ſy der Oberſten
einer im Rate, habe auch mercklichen
Anhange, Sy auch nit der mynſt von
der Narung und dz Ihme Sebaſtian
ſoliche Brieffe verkundet, damit habe
er wieder einen ganzen Rate gethan,
und es ſolte Ime nit geſchenckht oder
nachgelaſſen werden. Darnach ſolte
er ſich wiſſen zu richten. Und obe ich
Sebaſtian erſtochen es würden dan=
noch nit viel Pferde darum geſattelt,
er ſy ſyner Knecht nicht mächtig, obe
Ime Sebaſtian ſchon die vier Knecht
vertriebe, ſo hette er vier andere an der
ſelben ſtatte. Hierauf hat der Procurator den Rath um Frieden und ihn vor Gewalt zu ſchirmen angerufen, welchen derſelbe dem Peter Drachen auch gebotten, indem
er ſelbſt wiſſe, wie der Rath in dem Fall
zum Frieden und Schirme verbunden ſeye.

Allein

Allein er und seine Knechte wolten sich hie=
nach nicht fügen, und diese weigerten sich
Gelübde zu thun, dazu sagte Drach dem
Burgermeister, Jacob Burckart: die
Knechte solten nicht geloben, Ime
müßte ehe ihn Huß und alles, das er
habe, daruff geen, Er wolt für sie steen,
er sagte auch zu gemeldtem Burgermeister:
Ich han alß viel alß ewer zwen.
Welches und anderes dessen Bezeugen ver=
ursachte, daß der Rath und Peter Drach
mit einander in Mißhelligkeiten verfielen,
worüber zwar des Handels mit dem Vicario vergessen war, und findet man nicht, daß
des Päbstlich subdelegirten Richters Ur=
thel exequiret wurde. Allein die Irrun=
gen zwischen dem Rath und Drachen dauer=
ten fort, und dieser appellirte bey einer ih=
me angesetzten Geld-Strafe wegen seiner
heftigen Aufführung an das Kayserl. Cam=
mer-Gericht, den Ausgang aber er nicht
erlebet, dann er und seine Frau, nur 6. Wo=
chen von einander, in obgemeldtem 1504ten
Jahr das Zeitliche gesegneten.

Aus deren Erbfall der Sohn Peter
Drach, damaliger Schultheiß zu Speyer,
den Werckgezeug zu der Druckerey gehörig
mit

mit etlichen Büchern für fünf und zwanzig
hundert Gulden, erkauffet, und also, wie er
es selbst nennet, den Handel und Werg-
statt, fortgeführet hat. Diesem nach
sind sämentliche vor a. 1504. gedruckte Bücher von Peter Drachen resp.
Sohn des alten Drachen und Vatter,
des Schultheißen, diejenige nach diesem Jahr aus Presse gekommene aber
von letztern gedruckt. Von dem jedoch,
nach Ausweiß der Verzeichniß, die Sammlung der Reichs-Abschiede in a. 1527. das
einige, welches mir unter dessen Namen
und als Schultheiß zu Speyer vorgekommen ist. Zu gewissem Merckzeichen, daß
die 50. Jahr lang geblühete Drachische
Buchdruckerey zu Speyer ihren wandelba-
ren Periodum erreichet, sintemahlen schon
vor und um selbige Zeit, wegen der zu
Straßburg, Basel und Franckfurt aufge-
richteten vielen und ansehnlichen Druckereyen alle andere in denen vorbenannten
Städten an dem Ober-Rhein und bereits
gegen End des XVten Jahrhunderts auch
die Maynzische oder Schöfferische einge-
gangen, und stille gestanden seyn. Selbst
die Drachische Familie zu Speyer hörete
in

in der Mitte des XVIten Seculi auf zu flo-
riren, wenigstens finde nur noch a. 1538.
Eitel Peter Drachen Sämmler des Creutz-
Altars im Dom-Stift und a. 1540. und
1542. in dem Raths-Buch, Hans Drachen,
neben dessen Namen der Rathschreiber no-
tirte: obiit a. 1542. fidelis & diligens in
suis commissis.

Ich schreite nun meinem Endzweck oder
der Verzeichniß aller derjenigen merckwürdigen Büchern, welche in dieser Drachischen Buchdruckerey zu Speyer im XVten
und Anfang des XVIten Seculi edirt seyn,
etwas näher. Indem aber die zwey
Haupt-Bibliothequen des Raths und Dom-
Capituls allda, in deren einer so anderen,
samentliche in dem fünfzehenden und nachfolgenden Jahrhunderten daselbst gedruckte
Bücher, ohne Zweifel, aufbehalten gewesen, in der Französischen Zerstöhrung dieser
Stadt a. 1689. zu einer Zeit verbrannt
worden, hat man daher keine Hülfs-Mit-
tel mehr hohlen können, sondern solche auf-
serhalb suchen müssen. Und obwohlen in
Reichs-Ständischen offenen und Privat-
Bibliothequen bißweilen ein so anderes
Buch aus der Drachischen Druckerey vor-
kommt; So war es doch nicht hinlänglich
ein

ein Verzeichniß daraus zusammen zu bringen: hingegen dieselbe in denen Büchereyen
derer Stifter in mehrerer Zahl anzutreffen,
als in der Dom-Capitularischen zu Maynz,
in der Closter-Bibliothec zu Heylsbronn, in
des Stifts zu Landau, welche der Herr
Dom-Pfarrer Bischleb zu Speyer an sich
gehandelt, und damit seinen vorhin schon
sehr ansehnlichen Bücher-Schatz vermeh-
ret hat, die allermeisten aber in der sehr
ansehnlichen mit meist alten und raren Büchern gezierten Bibliothec der Commende
des Maltheser-Ordens zu Straßburg als
einen rechten Vorrath der Speyrischen
Editionen ersten Drucks zu finden.

Der bekannte Johann Nicolaus Weißlinger, deme diese Bibliothec, zu Verferti-
gung seines Armamentarii Catholici offen gestanden, hätte von denen Gelehrten noch
einiges Lob mit bekannt machen und Aus-
zügen so vieler raren und unbekannten Bücher verdienet, deren Ausgaben vielleicht
sonsten noch lange verborgen geblieben wären, wann er es bey denen gewöhnlichen
Anzeigen derer Schriften aus dem XVten
Sec. würde belassen, und woferne er an-
derst sich mit Controversien noch weiters
belustigen wollen, solches mit mehrerer Be-
sche-

scheidenheit würde bewürket haben, anstatt
er in diesem Werck alle seine vorherige Läs
sterungen gegen die Lehrer der Evangelischen Kirche, noch einmal und zum letzten
besiegelte. Zu meinem Vorhaben aber
konnte mich der hierinnen befindlichen und
angezeigten Speyrischen Schriften wohl
bedienen, ohne welchen hie gefundenen
Vorrath meine bereits gehabte Sammlung sehr unvollkommen hielte, und diese
bekannt zu machen, einen Anstand gefunden hätte, ob zwar deren wohl noch einige
zurück geblieben und in Clöster oder anderen Bibliothequen versteckt seyn möchten,
wie dann nicht ausgemacht ist; ob nicht
zwischen a. 1475. bis 1477. noch mehrere
Bücher zu Speyer gedruckt worden? so
finde auch in a. 1492. und 1493. nichts gedrucktes, es müßte dann in diese Jahrgän-
ge ein so andere Bücher einfallen, wo Drach
das Jahr nicht beysetzen lassen, wie davon
hie und da in der Verzeichniß anzutreffen
sind, darum mit deren Angab mir annoch
eine besondere Gefälligkeit erwiesen würde.

Indessen ist aus gegenwärtigen Bey-
trag zu entnehmen, wie viel noch an vollständigen Annalibus Typographicis abgehe und
zu wünschen: daß aus mehreren Städten,
wo-

worinnen in dem XVten Jahrhundert
Druckereyen gewesen, derley Ver-
zeichnisse aufzubringen möglich wäre,
wovon zugleich der Nutzen denen Büchern und gelehrten Lexicis, das
Vergnügen aber allen denjenigen zu-
fliessen würde, welche an der Littera-
tur ihr Belieben finden, und dergleichen Nachrichten zu schätzen wissen,
derley Bemühungen sich bereits ver-
schiedene grosse und gelehrte Leut
unterzogen haben, und darinnen würcklich noch begriffen sind, welchen, wann
gegenwärtige weit nicht beykommen
möchten, denen vorberührten Un-
glücks-Fällen dieser Stadt und ihren
Bibliothequen, sofort der nicht mehr
möglichen Ergänzung oder selbstigen
Einsicht, dieser in aller Welt zerstreu-
ten Büchern Drachischen, und Hüsti-
schen Drucks zuzuschreiben, ohne welches freylich noch vieles zu bemercken
vorgekommen seyn würde. Derer
bis dato vorgefundenen sind nun folgende.

Num. I.

Tractatus de quatuor virtutibus 1472
cardinalibus editus & expositus ad

B   Gi-

Cives Venetos per fratrem *Henricum Ariminenſem.* Spiræ. fol. absque impreſſoris indicio.

Es iſt dieſes Buch in der Bibliothec des Maltheſer-Ordens-Commende zu Straßburg und des Herrn Schelhorns Superintendenten, in der Reichs-Stadt Memmingen, befindlich, welcher in ſeiner diatriba præliminari ad Cardinalis Quirini librum ſingularem de optimorum ſcriptorum editionibus, quæ Romæ primum prodierunt. et Lindav. 1761. in 4to. pag. 28. in num. 27. von dieſem Buch anmercket, daß es noch zu denjenigen gehöre: qui typis ſculptis mobilibus excuſi ſunt, zu deſſen Beweiß, derſelbe Fig. III. die folgende Zeilen am Ende des Buchs in Kupffer ſtechen laſſen: Tractatus pulcherrimus de quatuor Virtutibus cardinalibus, per fratrem Heinricum Ariminenſem ad Venetos editus totam fere Philoſophiam moralem complectens una cum exemplis & hiſtoriis tam ex divinarum quam humanarum ſcripturarum autoribus ſumptis ad conficiendum ærengas collacoes
&

& fermones utiliſſimos arte impreſ-
ſoria Spiræ artificioſe effigiatus feliciter explicit. Den Druck dieſes
Buchs beſorgete und verſahe er mit
einem demſelbig vorgeſetzten Regiſter
D. Thomas Dorniberg de Memmingen, von welchem berühmten Mann
in dem Leben Lehmanni p. 140-142.
beſondere Nachricht gegeben, und unter andern angemercket, daß er Rector
der Univerſität Heidelberg, Chur-
Pfälziſcher Canzler und viele Jahr,
Raths-Advocat zu Speyer geweſen,
auch daſelbſt a. 1496. geſtorben ſeye.
Unter ſeinem vorgedachten indice
ſind folgende Worte zu leſen: omnes
itaque virtutum cultores pro bene
actis gracias deo referant. Et ſi quid
minus bene ordinatum invenerint,
indulgenciam præſtent. Et non li-
voris aculeo ſed caritatis zelo in me-
lius reforment que completa eſt hæc
tabula remiſſoria per me Thomam
Dorniberg antedictum de anno Domini Milleſimo quadringenteſimo
ſeptuageſimo. Ipſa die Sancti Mar-
tini pape. Er ſelbſt verfertigte und
ließ in dieſem Jahr in Druck ausge-
hen: Areolam ex Suaviſſimis ſaluti

fe-

ferisque floribus gloriosi Confessoris
B. Hieronymi. Romæ. 1472. fol. Vid.
Fabricii Bibliothec. med. & infimæ
Latinitatis, T. II. p. 184. Ferner

Compendium Theologicæ Veri-
tatis a. 1473. fol. sine loc. & Impress.
In der Vorrede nennt er sich Decretorum artiumque liberalium Doctorem & Consulatus insignis civitatis
Spirensis Advocatum, und läßt sich
am End also vernehmen: suscipite
igitur quæso omnes Theologicæ Veritatis fideique Catholicæ amatores
hunc librum animo grato, gratias
agentes cuncti potenti Deo, cujus
munere & singulari adjutorio hæc
ego Thomas Dorniberg præfatus feliciter perfeci & complevi Anno
MCCCCLXXIII. in Vigil. S. Barth.
Apostoli. Herr Superint. Schelhorn setzet auch dieses Buch dict. diatr.
sub Num. 28. gleich dem vorigen unter die Zahl der mit ausgeschnittenen
beweglichen Buchstaben, gedruckten
Büchern, obwohlen nun in diesem des
Druckers Nahme nicht zu finden; So
zweiffle doch gar nicht, daß es Peter
Drach gewesen, und damit den Anfang

fang seines Drucks in Speyer gemacht
habe: der D. Dorniberg aber, seine
in eben diesem Jahr edirte Areolam, &c. in Rom drucken lassen, mag,
entweder sich an dem Päbstlichen Hof,
noch mehrers bekannt zu machen, oder
weilen Ihn, der Speyrische Drucker,
so bald nicht fertigen können, beschehen seyn. Wo hingegen sein Compendium Theologicæ veritatis de
a. 1473. die Presse verlassen habe? ist
noch ungewiß, doch wahrscheinlich,
daß es auch zu Speyer gewesen, und
es sich auch also wie mit dem Tractac
des Heinr. Ariminensis verhalte.

Von denen nachfolgenden drey
Jahren bis ad an. 1477. finde kein zu
Speyer gedrucktes Buch. Zwar möchte es hier, meinen Verzeichnissen an
der Vollkommenheit ermanglen, für
welche ich gar nicht stehe; jedoch die
Vermuthung auch einigen Platz finden, daß die Speyrische Pressen darum geruhet haben, bis der Peter
Drach seine Druckerey also in den
Stand und genugsame gegossene
Schriften zur Hand gebracht, um solche mit allem Nachdruck fortsetzen zu

B 3   kön-

können, welches auch von a. 1477.
bis in das XVIte Seculum von Jahr
zu Jahr fast unausgesetzt erfolget ist,
wie die fernere Verzeichniß bewähret.
Diesem nach kam a. 1477. heraus.

Num. II.

1477 *Werner Rolfinckii de Laër, fasciculus temporum. Spiræ. 1477. fol.* omnia
antiquorum chronica complectens
per fex ætates mundi digeftus ab orbe condito ad fua usque tempora S.
ad annum 1474. *ad calcem:* finita eft
hæc impreffura cronice Carthufienfis, quæ fafciculus temporum dicitur,
juxta primum fuum exemplar, per
me *Petrum Drach, Civem Spirenfem,*
Anno Domini MCCCCLXXVII.
octavo Calendas Decembr. cum infignib: Impreffioris.

Diese sind zwey zusammen gebundene Schildlein, rechts mit einem
Drachen, lincks mit einem Bäumlein, zu deffen beeden Seiten ein
Stern, in der Form und Gröffe,
wie des Fauft und Schöffers, finden sich aber nicht in allen deffen
Büchern.

Num

Num. III.

Vocabularius utriusque Juris. Spi- 1478
ræ 1478. 4to. per Petr. Drach. finit
feliciter opus egregium Vocabularii
Juris utriusque, impreſſum inſigni
civitate Spirenſi, per Petrum Drach
ſub anno Dominicæ incarnationis
M.CCCC.LXXVIII.

Subjecit denuo ſua inſignia Typo-
graphus.

Num. IV.

Leonardi de Utino, St. Th. Doċt. 1478
Ord. Prædicator. ſermones aurei de
Sanċtis. Spiræ. 1478. fol. per Petr.
Drach.

Concluſio: Finiunt aurei ſermo-
mones de Sanċtis per anni circulum
elegantiſſimi, Sacre Theologie Pro-
feſſoris, Fratris Leonardi de Utino
ordinis Prædicatorum, jam denuo
correċti & cum tabula nova invento-
ria poſt poſita, arte & induſtria Petri
DracheCivisSpirenſis impreſſi ſub anno ſalutis noſtræ MCCCCLXXVIIL
V. Vdus Februarii.

c. inſign. typogr.

Num. V.

1478 *Breviarium Spirenfe* juffu Revmi. Epifc. Mathiæ. Tom. II. Spir. 1478. in 4to per Petr. Drach.

Num. VI.

1479 *Magiftri* Joannis Nideri ord. Prædicator. fermones totius anni de tempore & de Sanctis cum quadragefimali. Spiræ 1479. fol. per Petr. Drach.

Conclufio: Præfens hoc opus fermonum aureorum, totius anni de tempore & fanctis, una cum quadragefimali : quibusdam extravagantibus annexis, Sacre pagine Profefforis eximii Magiftri Nyder, ord. Prædicatorum. Divino fuggerente fpiramine imprimendi arte transpictum ac alia poft impreffionem diligentia poffibili (præter tabulam ob temporis penuriam) revifum & denuo correctum. Ad honorem cuncti potentis Dei confummatum & perfectum in celebri Spirenfium urbe factore Petro Drach cive inibi. Anno Domini Millefimo quadringentefimo feptuaseptuagefimo nono tredecima die menfis Novembris.

juncl. armis Typogr.

Num. VII.

- *Angelus Aretinus ad Inftituta.* So-1480 lennis & aurea famofiffimi legum Doctoris Angeli de Gambilionibus de Aretio ad Inftitutiones S. fuper omnibus Inftitutionum libris lectura. Impreffum in infigni Spirenfium urbe, factore Petro Drach cive inibi. VIII. Kalend. Marcij feliciter. Amen. 1480. fol.

Num. VIII.

Petri Aquilani Minoritæ, quem 1480 *Scotellum vocant, Quæftiones in IV. Libros Sententiarum D. Joh. Scoti.* Spiræ per Petrum Drach. 1480. fol.

ad calcem duo verfus ultimi:

Hunc ftudiofe tibi gaudet cudiffe
libellum
Spirenfis Civis Drach Petrus arte
fua.

Hæc editio eft prima, altera Venetiis de a. 1484.

B 5   Num.

NUM. IX.

1481 *Clementinæ Glossæ Andreæ.* Clementinarum hoc opus præclarum in inclita Spirenſium urbe impreſſum. Factore Petro Drach. inibi Cive. Anno MCCCCLXXXI. xxi. die Septembris feliciter eſt conſummatum. fol.

NUM. X.

1481 *Decretalium liber ſextus, una cum apparatu Johannis Andreæ,* factore Petro Drach *Juniore.* Spiræ 1481. 17. Aug. fol.

NUM. XI.

1481 *S. Bernhardi Clarevallenſis Sermones de tempore & Sanctis.* Spiræ. 1481. fol. per Petr. Drach.

NUM. XII.

1481 *Johannis Caldrini Juris Canonici Doctoris Tabula autoritatum & ſententiarum Biblia quæ in decretorum & decretalium compilationibus ſolent induci. fol.* per Thomam Dorniberg de Memmingen ejusdem facultatis Doctorem eximium correcta & per Petrum Drach, Spirenſem Impreſforem

forem impreſſa exaɛtiſſime, Anno
MCCCCLXXXI. explicit feliciter
add. Inſign.

Num. XIII.

1482

Portii Azonis'Iɛti Clariſſimi Summa
extraordinaria. fol.

Ad calcem libri legitur: Explicit
ſumma extra ordinaria ſuper inſti-
tutis maxima cum diligentia *Spiræ*
impreſſa. Anno¦ Milleſimo quadringenteſimo oɛtogeſimo ſecundo
per me Petrum Drach civem Spirenſem.

c. inſign. Typogr.

Num. XIV.

Summa Azonis ſuper Codicem. 1482
fol. per Petr. Drach.

Num. XV.

Pauli Winfridi S. Caroli M. Homi- 1482
liariuni. Spiræ 1482. fol.

Num. XVI.

Roberti Halicot leɛtiones ſuper ſapien- 1483
tiam Salomonis. Spiræ'fol. 1483. per
Petr. Drach.

Num.

Num. XVII.

1483 *Richardi de Buri Dunelmensis Epi-
scopi Phylobiblon de queremoniis librorum omnibus literarum amatoribus per-
utile*. Spiræ 1483. 4to. Johann Conrad Hist.

Pretiosissimum hocce opusculum,
multis literis, tam græcis quam la-
tinis, illudque optimis fratribus
Johanni & Conrado Hiist, inclytæ
Spirensis urbis librariis ad excu-
dendum missum. Idibus Januar.
Anno MCCCCLXXXIII.

Hier kommen zwey neue Speyrische Buchdrucker zum Vorschein, welche sonsten ganz unbekannt waren,
sich auch von Ihnen zu Speyer ledig-
lich nichts vorfindet. Sie werden
hier Librarii genennet, deren folgende Bücher aber bezeugen deutlich,
daß sie zugleich Impressores, also um
diese Zeit ihre Druckerey, neben der
Drachischen die zweyte zu Speyer gewesen, mithin eben so wohl und mit
dem Peter Drachen, bemercket zu
werden verdienen: allermassen eben
dieses allegirte Buch, das rareste unter

ter allen hier vorkommenden seyn
möchte. Wir laſſen ihre Bücher mit
unter denen Drachiſchen fortlauffen.
Sie haben nur Quartanten gedruckt,
denn in Folio, der Zeit, keines vorgekommen iſt.

Ihre Nahmen ſtehen theils ohne
Unterſcheid Johann Conrad Hiſt beyſammen, theils auch nur der Conrad
oder das C. alleine. Samentlich hie
vorkommende deren Schriften, ſind
in der Bibliothec der Malthſer-Or-
dens-Commende zu Straßburg behalten. Joh. Alb. Fabricius hat von
dieſem vornehmen Gelehrten, Königs
Eduardi III. in Engelland Hof-Canz-
ler, in Bibl. med. ævi, Tom. I. p. 842-
44. eine beſondere digreſſion gemacht,
und ſamentliche Editiones dieſes
Buchs, worunter die Speyriſche die
erſte, wie auch den Innhalt aller Capitel angezeiget. Ingleichem Gund-
ling in Hiſtor. Lit. cit. edit. & tomo
p. 1906-8. dieſem Autori einen
eigenen §phum gewidmet und die
Seltenheit dieſes a. 1343. geſchriebe-
nen Buchs, von allen bisherigen
Auflagen bemercket.

NUM.

Num. XVIII.

1484 *Herpf v. Herphonis Henrici, ordinis Minor. sermones de Adventu.* Et primo de Adventu *Christi* Domini ad judicium. Quod præcedit triplex disceßio ab Imperio, ab Ecclesia, à fide. Cum indice copioso & præfatione Anonymi ad Petrum Drach, Typographum Spirensem, cujus insignia habentur ad calcem operis. fol.

Es verdient auch zu der Ehr und Nachruhm dieses Buchführers, den Auszug dieser Vorrede hier einzuverleiben, worinnen derselbe dem Drachen ein Denckmal also gestiftet hat:

Res mihi admodum jucunda est, crebra diligentia & quotidianis impensis librorum copiam uberrime reddere. Præsertim cum tria imprimis consueveris: quæ vel Christianæ fidei, vel humanæ vitæ moribus plurimum sunt profutura: aspernari soles, quæ & ego ipse odi, lasciva, carnalia, obscena, quibus legentium animos letali nimirum aconito facillime nemo sapiens infici

fici poffe negat. Ea tu gaudes
membranis tradere, quæ ad com-
munem utilitatem, & falutem animarum, ad eruditionem Chriftianæ
plebis profecto poffunt attinere...
- Spero tibi non modo à lectoribus
gratiam, fed ab immortali quoque
Deo diuturniorem mercedem in
dies referri.

Num. XIX.

Miffale Spirenfe. Spiræ 1484. fol. **1484**
per Petr. Drach.

Diefes ift eines der anfehnlichften
Drachifchen Büchern, an Papier
und fchönen Littern kein Fleiß noch
Koften gefpart. Am Ende hat er fein
Wappen auf einer halben Columne, in einem aufrecht ftehenden
groffen Drachen und rother Farbe,
fehr nett bendrucken laffen.

Num. XX.

Concordantiæ Sacrorum Bibliorum. **1485**
Spiræ 1485. fol. ad calcem libri Epi-
ftola Anonymi ad Petrum Drach,
in fine hujus:

Liber magnus, quem Tu impreffi-
fti: Tu quoque laudandus, cujus
indu-

induſtria magnis laboribus, immo-
dici fructus ſeſe cæteri poſſe par-
ticipes eſſe gaudebunt. Vale feliciter ex Spiris Kalendas Auguſti
Anno ſalutis noſtræ Milleſimo
quadringenteſimo o ct u a ge ſim o
quinto.

Editio incognita Dno. Fabricio in
Bibliotheca med. & infim. Lat.
Tom. 1. p. 1163.

Num. XXI.

1486 *Codex Decretalium Epiſtolarum* una
cum apparatu D. Bernardi, non ſine
exacta diligentia, vigiliis, ſtudio &
expenſis Petri Drach civis Spirenſis
eſt conſummata. anno Chriſtianæ ſalutis 1486. Kalend. vero 17. Sept. fol.

Num. XXII.

1486 *Libellus* dans modum legendi abbre-
viaturas in utroque Jure.

Proceſſus Judiciarius eximii Doctoris
Juris Canonici Johannis de Urbach (*)

Tracta-

(*) *Sive Aurpach.* Dann alſo iſt der Nahm, ſeinen
nach dieſer Zeit zu Leipzig, Cölln und Ingolſtadt
gedruckten Schrifften, vorgeſetzt, und in dem

Tractatus Præſumptionum.

Summa Magiſtri Dominici de Civitate Viſentina, qualiter notarii Ar-
chiepiſcoporum & Epiſcoporum
debeant notarii officium exercere.

Petri Jacobi Doctoris legum monte-
peſſelano tractatus brevis de ar-
bitris.

Halnani de Bononia differentia legum
& Canonum.

Tractatus de tabellionibus per Dominum Bar. compilatus. Spiræ per
Petr. Drach 1486. fol. min. in cal-
ce inſignia Impreſſ.

In der Vorrede zeiget Drach den
Endzweck dieſer Sammlung nach de-
ren einzelen Stücken an: Si te in expe-
C   titum

Jöcheriſchen gelehrten Lexico der Unterſchied nicht
wohl getroffen. Er war aus Leipzig gebürtig,
und deſſen bereits a. 1477. verfertigter Proceſſus
Judiciarius zu Straßburg a. 1499. in fol. und zu
Leipzig a. 1512. cum lectura Jo. de Eberhauſen
in fol. wieder aufgeleget. Nebſt anderen hat er
auch Epiſtolarum Juridicarum, quæ Conſilio-
rum vice eſſe poſſunt libros IV. und ſingula-
rium allegationum libros II. geſchrieben, deren
jene zu Cölln a. 1566. dieſe a. 1575. beede aber
beyſammen zu Ingolſtadt a. 1606. in 8vo. gedruckt worden.

titum, agilem, ¡doctumque Practice
juridice executorem juvat evadere .
Summa tibi diligentia prefens eſt
opus amplectendum · per ineffabi-
lem induſtriam fabricatum · & ſi ac-
curatius luſtraveris, profecto non
te¡ pigebit laboris & opere, cum te
ſentias in utriusque Juris ſubtilitate,
in patricinio præſtando, in judicio-
rum obſervantia vehementer profe-
ciſſe.

in fine huj. præfat.

Vive & vale lector feliciter arripe
pulchrum,
Quod tibi Spirenſis Drach Petrus
dedit opus.

Num. XXIII.

1487 Summa Antonini de florentia.
IV. Volumina. Fol.

Das ſtärckeſte von allen Werckern
dieſer Druckerey: Dann es aus 4.
groſſen Folianten beſtehet, davon
das Ende eines jeden Theils hier
angezeiget, und dabey zu bemercken
iſt, daß Peter Drach ſich hierinnen
zuerſt virum Conſularem nennet.
Die vier Theile dieſes Wercks ſind
zu

zu ungleicher Zeit gedruckt: nehmlich zu erst der 4te Tomus m. Febr.
1487. der 2te m. August d. a. der
3te m. Febr. 1488. und der erste
mens. Oct. 1487.

In Fine Partis

Imæ. Vigilanti cura emendate
opera & impensis Petri Drach
Consularis Spirensis civitatis.
MCCCC. octuagesimo septimo
nativitatis Dominice currente
Kalendas Vto. Octobris.

IIdæ. Anno Incarnationis Dominice MCCCC. octuagesimo septimo, augusti vero nonas pridie,
pars summe secunda Antonini
Spire per Petrum Drach *Virum
Consularem* civitatis predicte
quam diligentissime impressit,
finit feliciter.

Maittaire in Annal. Typogr. p. 123.
oder der Drucker hat gefehlet,
wann daselbst die Ausgab dieses
tomi ad ann. 1477. eingebracht
wird.

IIItiæ. Pars summe tertia prestan-
tissimi Antonini florentinensis

eximi

eximie accuratiffime per providum Virum Petrum Drach *Confularem* Spirenfis Civitatis his ereis figuris impreffa ftudiofiffimeque admodum emendata *MCCCCLXXXVIII.* Sexto Id. Februarii.

I Vtæ. Opus quam præclarum quartæ partis fumme Antonini florentinorum archiprefulis. explicit feliciter anno Nativitatis Dominice *MCCCCLXXXVII.* Kalendas vero Martii XIII.

Num. XXIV.

1488 F. Angeli de Clavifio ordinis minorum Vicarii Generalis fumma Angelica de cafibus confcientialibus. fol. opus quoque hoc angelicum arte, opera & impenfis non minimis maxima cum emendatione *Spire* impreffum fuit feliciter. Anno Salutis. M.CCCC.L.XXXVIII. fine ment. Typog.

Fabricius Joh. Alb. in Bibl. Med. æv. Tom. I. p. 262. hat von diefer allererften Speyrifchen Edition nichts gewußt, fondern die Venedifche d. a. 1490. dafür ausgegeben.

Dh=

Obwohlen hier der Drachische Namen hinten nicht anstehet, ist doch an dem Druck des Buchs aus dessen Officin nicht zu zweifflen, dann man diesen gegen die Summam Antonini gehalten, und die Littern gleich gefunden, nur hat jenes einen kleinern Format in Fol.

Num. XXV.

Logica secundum Regentes sum- 1489
mi studii Moguntini in collegio majori innovate cum vera orthographia & diphtongandi arte diligenter observata, à Petro Drach Viro Consulari civitatis *Spiræ*, secundum primam correcturam summule fol.

Num. XXVI.

Platea tractatus restitutionum, usu- 1489
rar, & excommunicat: Spiræ fol.

sine Impreff.

Num. XXVII.

Robertus de Licio de Laudibus San- 1490
ctorum Sermones. Spiræ fol. Sine
ment. Typogr.

C 3 Num.

Num. XXVIII.

1490 *Philipp Bicken Militis Itinerarium terræ Sanctæ,* Spiræ 1490. fol. per Petr. Drach.

Num. XXIX.

1490 *Modernorum Quæstiones ex materia modernorum libri Perihermenias,* Spiræ 1490. fol.
Per Petr. Drach.

Num. XXX.

1491 *Ludolphi Saxonis Carthusiæ Argentinensis alumni, expositio in Psalterium* juxta spiritualem sensum ex Hieronymo, Cassiodoro, Augustino & Petro Lombardo cum præfat. Jac. Wimphelingii Selestadiensis scripta. ex. Spiris 1491. 8vo. sine Impress.

Num. XXXI.

1492 Directorium per Dominum Johannem Aurbach egregium Doctorem compositum pro instructione simplicium prespiterorum in cura animarum.

Aus der Vorrede ist zu entnehmen, daß dieses Buch zu Speyer die Presse, zwischen diesen Jahren, oder noch

noch vorhero, verlaſſen habe; fin=
det ſich ſonſten weder unter deſſen
Schriften, noch unter dem Namen
Urbach oder Aurbach, angemercket.

Num. XXXII.

Johannis Reuchlin Phorcenſis Legum 1494
Doct. Liber de verbo mirifico. Spiræ.
1494. fol. per Petr. Drach.

Editio admodum rara & à nemine,
qui de Reuchlino commentati ſunt,
memorata. Freytag in Analect.
Liter. p. 767.

Num. XXXIII.

Breviarii ſecundum eonſuetudinem 1495
Domus Hoſpitalis Hieroſolymitani San-
cti Johannis. Pars byemalis & æſtiva-
lis. 8vo.

Summa cum diligentia denuo cor-
rectus de hinc ad imprimendum
præſentatus honorabili Viro Petro
Drach Civis nec non Conſularis
Spirenſis, per quem & feliciter
impreſſus & conſummatus. Anno noſtræ ſalutis MCCCCXCV.
In laudem & reverentiam totius
ordinis Domus Hoſpitalis Hieroſolymitani Sancti Johannis.

Auch

Auch dieses Breviarium und deſſen
Edition war dem Herrn Fabricio
nicht bekannt, alſo auſſer der Verzeichniſſe derer Breviariorum. in
Bibl. med. ævi. p. 748. gelaſſen.

Num. XXXIV.

1496 *Joh. Lampshei,* ſive de Lambsheim
Canonici Regularis in Kirſtgarten
prope Wormatiam, ſpeculum con-
ſcientiæ & noviſſimorum; 4to.

ejusdem Soliloquium Regis æterni
ſuperni.
- Soliloquium animæ delicatæ.
- alphabetum exhortatorium.

Impreſſum Spiræ per Conradum
Hiſt Anno Domini *MCCCCXCVI,*
Laus Deo.

Die Jahr-Zahl iſt zwar auf das Jahr
M.CCCC.XLVI. eingedruckt: Allein
ein ſichtbarer Druckfehler, welchen
der Autor der Hiſtoriſchen Nachricht
von der Buchdrucker-Kunſt, in der
obangeführten Erfurthiſchen Ausgab p. 138. alſo bemerckete: Weilen
kein Buch ſich findet, welches mit
metallenen Buchſtaben ordentlich
nach

nach der heutigen Art vor dem Jahr
1450. gedruckt wäre. Es hat sich
aber dieser hier selbst geirret, indem
er das Jahr *M.CCCC.XLV.* angie=
bet, und hernach vermeynet, es müßte
M.CCCC.LXV. heissen. Allein die=
ses Buch ist auch a. 1465. zu Speyer
nicht gedruckt, indeme man in solchem
Jahr von keiner Buchdruckerey allda
etwas weiß, viel weniger um selbige
Zeit die Buchdrucker Johann und
Conrad Hist zu Speyer sich aufhielten.
Der Fehler also a. *MCCCCXCVI.*
mit Versetzung des letzten C. in ein L.
in der Histischen Druckerey gesche=
hen, und die Prob hierüber ganz klar.
Dann das nachgesetzte Buch von dem
Ort, Jahr und Drucker eben so wie
dieses sich endiget, welches der Augen=
schein noch deutlicher weisen wird,
wenn man beyde Bücher gegen einan=
der zu halten Gelegenheit haben sollte.

Num. XXXV.

Autoritates Aristotelis, Senecæ Boi- 1496
tii, Platonis, Apulei Africani, Porphy-
rii & Gilberti Porritani 4to. Impres-
sum Spiræ per Conradum Hist anno
Dni. *MCCCCXCVI.* laus Deo.

Num.

Num. XXXVI.

1497 *Miſſale Moguntinum.* fol. Spiræ per Petrum Drach.

Herr Superint. Schelhorn, welcher dieſes Werck ſelbſt beſitzet, hat den Anlaß dieſes Druckes in ſeinem Diatriba pag. 40. wörtlich aus dem Anhang des Miſſalis ziehen und eindrucken laſſen, benebens bemercket, daß um ſelbige Zeit Peter Schöffer nicht mehr bey Leben geweſen, und darum die Herausgabe an den Peter Drach gekommen ſeyn möchte. Es kan aber auch die Vermuthung hier Platz finden, weilen das von Drachen beſorgte Speyriſche Miſſale a. 1484. Num. xix. ſo vortrefflich wohl gerathen, der Ertz-Biſchoff ein gleiches ſchönes Exemplar zu erlangen, den Abdruck Ihme anvertrauen wollen.

Num. XXXVII.

1499 *Vocabularius de partibus indeclinabilibus.* in fin.

ad Dei laudem divæque Virginis Gloriam & honorem Amen. Impreſſum

preſſum per C. (Cunradum Hiſt.)
Anno *MCCCCXCIX.*

Num. XXXVIII.

Libellus de vita & moribus Philoſo-
phorum. 4to. Spiræ. Johann Conrad
Hiſt. ſin. an.

Num. XXXIX.

Dominici de Sto. Gemminiano Co- 1501
mentarius in VI. decretal. fol. Spire
per Petrum Drach. ſin. an.

Num. XL.

Miſſale Spirenſe, juſſu Epiſcopi 1501.
Matthiæ correctum & ſub Epiſcopo
Ludovico de Helmſtætt completum.
fol. per Petrum Drach.

In fine inſignia impreſſoris auf der
halben Columne mit rother Farb
zwey Drachen recht und lincter
Hand, in länglich Quadrat Linien
eingefaßt, in der Mitte den verzo-
genen Namen P. D. haltende.

Num. XLI.

St. Bernhardi Clarevallenſis opuſ- 1501
cula, una cum epiſtola ſua ad Clerum
Spi-

Spirensem, cum commendatione Civitatis Spirensis. 4to. Sine impreff.

Diesen Brief liefet man auch bey dem Eisengrein in Chronico Spir. p. 215. er ist ein excitatorium zum Creutzzug: add. Simonis Beschr. der Speyrischen Bischöffen in vita Sigfridi II. p. 71. und die Lehmannische Chronic L. V. c. 52. p. 437.

Num. XLII.

1502 *De Nigromonte de jure venandi, aucupandi.* 4to. Spiræ. Sin. Typogr.

Num. XLIII.

1503 *Raymundi Cardinalis Sermo, de ortu, converfatione, virtutibus præclariffimis & martyrio B. Virginis Chrifti Sponfi Catharinæ.* 4to. Spiræ. Sine Typogr.

Num. XLIV.

1503 *Autoritates Ariftotelis* &c. Summa cum diligentia revifæ & correctæ. Spiræ. Sin. Typogr.

Num. XLV.

1508 *Francifci Philelphi opera* fc. conviviorum libri II. de multarum ortu & pro-

progreſſu diſciplinarum plane aurei.
Spiris. Conradus Hiſtius imprime-
bat. Anno MDVIII. 4to.

Num. XLVI.

Wenceslai Brack Vocabularius. 4to. 1509
Spire. ſine impreſſ.

Num. XLVII.

M. *Wilhelm Werth Lilium Gram-* 1509
maticæ 4to. Spiræ. Conradus Hiſt.

Num. XLVIII.

Solinus de memorabilibus mundi di- 1512
ligenter annotatus cura Aſcenſii.

Num. XLIX.

Curioſitas regia ſ. Quæſtiones VIII. 1522
Theologicæ à Maximiliano Cæſare
propoſitæ & à Trithemio ſolutæ. fol.
Spir. ſine impreſſ.

 aliæ editiones ſunt Oppenheimii *Colonis*
1515. Francf. 1550. 8. Duaci *1533. 8*
1621. 8. Mogunt. 1605. 8.

Num. L.

Unterricht, wie man das Vatter 1525
Unſer betten ſolle? 8. Speyer. Sin.
Typogr,

Num.

Num. LI.

1527 Sammlung der Reichs-Abſchiede, durch Peter Drach, Schultheiſſen zu Speyer: oder wie der ganze Titul lautet:

Aus Befelch Kayſerlicher Majeſtät Statthalters und Regiments in Heiligen Rich, und mit Kayſerlicher Freyheit iſt gedruckt diß Buch ſo inhelt alle und jede des Richs ordnung ſampt der gulden Bull und abſchyden, beſonderlich auch die artikel und ordnung, ſo yetzin Zeyten auf gericht das Kayſerlich Regiment und Cammergericht belangen, wie dann ſolche zum teyl der abſchied des Richstags zu Worms inhalt damit die meniglich bekundigt und gemein werden mögen. zuſammen geleſen durch Peter Drach Schultheiſſen zu Speyer. Fol.

Ort

Ort und Jahr dieses Abdrucks ist
nicht beygesetzet, jedoch aus dem vorgesetzten Peter Drachen, ertheilten
Kayserlichen Privilegio d. d. Eßlin-
gen 27. Jun. 1527. zu entnehmen,
daß die Sammlung in bemeldtem
Jahr aus der Drachischen Druckerey
zu Speyer gekommen seye: dann diese Besorgung dem Peter Drachen,
nicht als Stadt-Gerichts-Schultheiß-
sen, sondern als einem renomirten
Buchdrucker daselbst anbefohlen, und
darum der Nachdruck, binnen 6. Jahr,
bey 10. Marck Gold in dem Privilegio
verbotten worden.

Es hat sich diese Collectio sehr rar
gemacht, deret Innhalt aus Herrn
Prof. Buders amœnitationibus Juris
Publici S. R. I. Germanici pag. 4.
hier beysetze. Prima constitutio est
aurea Caroli IV. Imper. Bulla a. 1356.
germanico idiomate, sequitur Fride-
rici III. Aug. Reformatio, indeque
ordinationes in celeberrimis Comi-
tiis Wormatiensibus 1495. imperan-
te Maximiliano I. conditæ, ceteræ-
que ad decreta usque comitiorum
Ratisbonensium a. 1527. quibus sub-
junguntur variæ Sacramentorum
for-

formulæ à perſonis camerale judicium conſtituentibus præſtandæ, nec
non de nunciorum Judicii Camera-
lis officiis ordinatio.

Peter Drach machte ſich alſo, nicht
nur mit ſeiner vortrefflichen Buch=
druckerey, berühmt, ſondern auch deſ=
ſen Sohn der Schultheiß als Heraus=
geber dieſer erſten autoritate publica,
erſchienenen Collection deren Reichs=
Abſchied bey denen teutſchen Publici-
ſten bekannt : bey welcher jedoch Pfef-
finger in Vitriario illuſtrato, Tom.
IV. libr. IV. Tit. I. §. 104. lit. a. erin=
nert, daß der Inhalt mit dem Titul gar
nicht übereinſtimmete, weilen von Zei=
ten der guldenen Bull bis ad a. 1422.
wo erſt die Sammlung anfängt, vie=
le Reichs=Abſchiede verabfaſſet, hier
aber auſſen gelaſſen worden ſeyen,
welche er loco citato anführet. So
bedauret auch der Herr Reichs=Hof=
Rath Freyherr von Senckenberg, daß
der gute Drach des Kayſers wohlge=
meynte Geſinnung nicht ganz befol=
gert oder befolgen können. Denn er
ſey hauptſächlich der Mann, welchem,
weil er das alte Teutſche geändert
und verſtändiger machen wollen, ohne
es

es jedoch recht zu verstehen, ein guter
Theil derer nachherigen Fehler, zu
dancken, dahero er vielfältig davon ab-
gegangen seye. Vid. dessen Send-
schreiben an Herrn von Ohlenschla-
ger, vor der neuen und vollständigen
Sammlung der Reichs-Abschiede de
a. 1747. §. 17. p. 48.

Num. LI.

Gerichts-Ordnung Bischoff 1528 Georg zu Speyer. Udenheim 1528. 8vo.

Es ist diese aus Udenheim, hod.
Philippsburg, als dem Residenz-Ort
des damahligen Herrn Bischoffen, gegeben: Weilen aber daselbst niema-
len, eine Druckerey gewesen, ohnzwei-
fentlich aus der Drachischen Presse
gekommen, und dahero unter dessen
gedruckte Schriften zu setzen. Dann
es war Peter Drach selbiger Zeit, zugleich Stadt-Gerichts-Schultheiß
zu Speyer, mit welchem Amt, die
Herrn Bischöffe, nach ihrem Einritt,
einen Stadt Speyrischen Bürger be-
lehnen können, mithin der damahlige
Herr Bischoff, diesen Druck, wahr-

D   schein-

scheinlicher massen, dem Peter Drach
anvertrauet hatte. Die Uberschrift
dieser Gerichts=Ordnung, ist folgenden Inhalts:

Unser Georgen von GOttes
Gnaden, Bischoffs zu Spyer,
Pfalzgrafen bey Rheyn und Her-
zogs in Bayern rc. Ordnung,
Satzung, und Statuten, wie und
welchen Maß, an Unsern Under-
gerichten und durch dieselbigen, nun
hienfüro, in rechtlichen Sachen,
biß auf unßer selbst oder Unserer
Nachkommenden, Enderung und
Widerruffe, gehendelt und vollfa-
ren, auch wie in ettlichen fellen,
punckten und Artickeln, ungeuer-
lich zu urtheylen und zu sprechen
sey, und dann ettliche Myßbreuche
abgestelt und wie fürther die Ein-
kindschaffts beredung beschlossen
und auffericht sollen werden.

Als die erste und älteste gedruckte
Gerichts=Ordnung in dem Hochstift
Speyer,

Speyer, und wegen derselben grossen
Seltenheit, dann in hiesigen Gegenden solche vergeblich gesucht wird, wollen wir deren summarischen Inhalt,
hier einführen, und zugleich bemercken, daß der Verfasser alle Puncten
sehr deutlich und vernehmlich für die
Stift Speyrische Untergericht und
die Dorf-Schultheisse entworfen habe.   Sie bestehet aus 5. Bogen:
Nach obigem Titul folget also die
Vorrede und Ingang dieser Ordnung, auch auß was Ursache dieselbe fürgenommen.

Der Artickel sind 22. jedoch in dem
Original nicht numeriret, sonsten
beygehenden Inhalts:

1) Wie auch durch wen und zu welcher Zeyt der Beklagte auf ansu-
chen des Klegers inß recht gehey-
schen und gelaßen werden solle.

2) Wie die, so ins Recht geladen,
und ungehorsamlich außen pleyben,
inn Kosten verdampt und ferner
auf beger deß Clägers, geladen werden sollen.

D 2   3)

3) Wie es gegen den beclagten und auch hien wiederumb gegen den Cleger, so uff dem ersten Gerichtstag rechtlich nitt erscheynnen, gehalten werden solle.

4) Von denen Partheyen, so in Rechten persönlich, oder aber durch Ire Anwelde erscheynnen.

5) Was der Underrichter der Parthey, so für eynem andern Gewalt geben will, fürsagen solle.

6) Wie vnd was Clauseln und puncten die dargelegte schriftliche Gewelde haben und begreyffen sollen.

7) Den vnuerfürmündneten Mynderigen sollen curatores, das ist Pfleger oder Fürmünder, zum Kriege gegeben vnd verordnet werden.

8) Wie ein person für die ander zu clagen oder zu antwortten zugelassen, auch des Clegers vnd anderer Personen Nahmen aufgeschrieben sollen werden.

9) So beyde Partheyen, wie recht erscheynnen, wie nach gethanen Clage, die Kriegs befestigung geschehen solle.

10)

10) Nach befestigung des Kriegs, so es begert, wie der Eyd für geuerde, den Partheyen für gehalten vnd geschwooren soll werden.

11) So die Partheyen nit selbst zugegen, wie durch jre Anwelde die eyde für geuerde geschworen sollen werden.

12) Von Bewerung der dargethainden Clage, auch Fürstellung, annemunge vnd verhöre der Zeugen.

13) Von Zeugen, so unter des Richters stabe vnd zwangnüß nit geseßen.

14) Rottet vnd begriffe obberürter Compaßbrieffe.

15) Von Inraden wieder die gefürten Kuntschaft, auch wie zu recht beschlossen vnd durch wen die gefaßte Vrtheyl ausgesagt sollen werden.

In diesem Artickel, am Ende, verordnet der Herr Bischoff:

„ Und so nach Besichtigung des ge-
„ richt handelß, die Underrichtern

D 3 „ vnd

„vnd gericht der Vrtheyl nit ver‐
„ſtändig vnd alſo Ires Ober‐
„hoves (*) raths pflegen, ſollen ſie
„nicht deſtominde die Vrtheyl
„durch ſich ſelbs außagen und nit
„der Oberhove, wie an etlichen
„Orten biß anhero mißbraucht iſt
„worden.

(*) Es war aber der Biſchöfflich‐
Speyriſchen Dorfſchaften gleich
derer Städte und Flecken in dem
Speyrgow, von uralten Zeiten
her erkießter Ober‐Hof der Rath
und Gerichte zu Speyer, wel‐
chen zumahlen jene, bereits in
dem XIII. und XIV. Seculo, nach
Anzeig der noch vorhandenen Ur‐
theils‐Büchern und vielen Ar‐
chival‐Urkunden, ſtarck beſuch‐
ten, bey welchem Herkommen
auch dieſer Herr Biſchoff, ſeine
Unterthanen belaſſen, nur daß
nicht im Namen des Ober‐Ho‐
fes, die Urthel eröffnet würden.
Es wolte zwar der Biſchoff Frie‐
derich von Boland im Jahr 1294.
ſeinen nächſt um die Stadt gele‐
genen

genen Dorfschaften ihr Recht
daselbst zu suchen und zu nehmen,
verbieten; alleine es beschwerte
sich hierüber die Stadt Speyer,
als ein gegen das uralte Herkommen lauffendes Beginnen. Wie
dann der Herr Bischoff, indeme
noch in selbigem Jahre zwischen
ihme und der Stadt über andere
Zwistigkeiten getroffenen Ver-
ein, von diesem Verbott abge-
standen, welches sich unter denen
nachgefolgten Herrn Bischöffen, durch häufige Besuchung
dieses Ober-Hofes von denen
Bischöfflichen Dorfschaften bewähret hat, hier auch die aus-
drückliche Freystellung und An-
weisung Herrn Bischoff Georg
sich vorfindet : add. Lehmanns
Speyrische Chronic Libr. 5. C.
121. Es waren aber der Stift
Speyrischen Ortschaften, diß-
seits Rheins, welche ihr Recht zu
Speyer als ihrem Ober-Hof
einhohleten, nur so viel man noch
weiß: Rheinzabern, Walzheim,
Otterstadt, Hainhofen, Hart-
hausen, Dudenhofen, Berghau-

D 4   sen,

sen, von andern Städten und
Flecken in dem Speyrgau besuch=
ten diesen Oberhof: Kaysers=
lautern, Anweiler, Lauterburg,
Friesenheim, Haßloch, Billig=
heim, Godramstein, Schwechen=
heim, Heuchelsheim, Danstadt,
Mutterstadt, Wachenheim,
Maudach, Winzingen. Von
über Rheinischen Städten und
Ortschaften im Creichgau erkie=
seten die Stadt Speyer zu ih=
rem Ober=Hof: die Städte
Bruchsal, Durlach, Pforzheim,
Ettlingen: von Dorfschaften,
Weßingen, Langensteinbach,
Ketsch, Jehlingen, Unteröwis=
heim, Massenbach 2c. wiewoh=
len man von diesen ein und ander
weiß, daß sie auch andere Ober=
Höfe besucht haben: Aus wel=
chen Ueberbleibslen indessen das
damahlige grosse Ansehen des
Stadt Speyrischen Ober=Ho=
fes ohnschwer zu entnehmen ist.

16) In was Sachen die Appellation
zugelassen ist.

17) In

17) In welcher Zeit die Appellation anpracht werden solle.

18) Wie die Gericht=Händel gemessigt und taxirt werden sollen.

19) Wie und auf was Kosten die mangelhafftige Gerichts = Hendel ergenz werden sollen.

20) Von nichtigkeiten der Gerichts= Hendell ersten jnstanzien.

21) Das Hofgericht soll jerlichs drey= mall gehalten werden.

22) Aufhebung aller gepreuche oder Herkommen, so dieser Ordnung zuwyder seyn.

Diese Gerichts-Ordnung ist gegeben zu Udenheim uf Montag nach dem Sonntage Jubilate, im Jare, alß man zahlt nach Christi vnsers lieben HErrn Gepurt tausend fünf hundert auch acht vnd zwenzig.

Hierauf folgen noch drey Bischöffliche Edicte, welche den zweyten Theil dieser Gerichts-Ordnung ausmachen, als

D 5 Erst=

Erſtlich Rathſchlage und Bericht wie und welcher geſtalt in etlichen Puncten, fellen vnd Artickeln, ſo
in Rechtfertigung gezogen worden,
nach Beſchluß der Sachen vnd Gelegenheit derſelbigen vngeuerlich zu ver-
theylen vnd zu ſprechen iſt.

Dieſer Rathſchlâge ſind ſechs : zum
erſten, So der Cleger Clagt vmb
ſchulden: zum **andern,** umb gefüg-
ten Schaden, an Vihe, Heuſern,
Eckern, Wieſen, Weyngârten, Wey-
hern, Höltzern, Zeunen. ꝛc. zum
dritten vmb betrüge in Kauffen vnd
verkauffen, zum **vierten** vmb ver-
brechung vnd nitthaltung aufgerichter
vertrege, gedinge, zuſage, oder Erle-
digung von Bürgſchaften. Zum
fünften vmb ſchlege vnd verwun-
dung. Zum ſechſten vmb ſchmache
vnd verlezung an Eeren.

Am Ende diſponiret der Herr
Biſchoff alſo:

Da vber dieſe ſechs felle viele unzâh-
liger Sachen anderer Natur teglichs
zu verrechten fürfallen, vnd aber dem

ge-

gemeynen Bürgers und Bäuwers-
mann, was sie yeder Zeyt da under
vrteylen sollen, kein sonder Maß zu
geben, oder jnbilden ist, so laßen wir
es derselbigen allersampt und sonder-
halb bey entscheydt der gemeyn geschrieben rechten steen vnd bleyben
vnd wollen das nach außweysung derselbigen Rechten daunter gevrtheylt
werde.

Die Ausfertigung beschahe besonders zu Udenheim ann. & dat.
quo supra.

Zweytens : Wie hinfüro beredung der Einkindtschafften aufgericht
sollen werden, vnd ettlich Mißbräuch
der alten und junr Kindern auch guten
halb abgestellt, vnd die auf Myttel
vnd Wege, den gemeynen rechten
ettlicher maßen gemäß gezogen.

Geben zu Udenheim ut supra.

Drittens : Ordenung belangen
loßung vnnd widderkäuffe verkauffter
gütter. Auch welcher maß die im
Stiefft Spyer vergundt gestatt sollen werden.

Datum

Datum Vdenheym auf Montag nach dem Sonntag Exaudi im fünffzehen hundersten vnd acht vnd zweynßigisten Jare.

Indeſſen möchte dieſes Buch wohl eines der letzten geweſen ſeyn, welches Peter Drach abgedruckt hat, weilen er etliche Jahr darauf, nemlich a. 1530. geſtorben iſt. Wie dann von a. 1500. als der Zeit, da er Stadt-Schultheiß geworden, ſeine Preſſe ziemlich geruhet hat, welche 20. Jahr vorhero alſo ſtarck gegangen war: Wenigſtens weiß ich von denen vorgeſetzten Schriften de a. 1501. & ſeqq. nicht gewiß anzugeben, ob ſelbige aus der Drachiſchen oder Hiſtiſchen Druckerey gekommen: oder warum gar kein Drucker unter ſolchen nahmhaft gemacht worden? Deme aber ſeye wie es wolle, ſind ſie aus einer oder andern dieſer zwey Druckereyen, und gehören noch unter die rare Bücher und Editionen mittlern Zeit Alters.

Num. LII.

1532 Novum Teſtamentum teutſch von Jacob Beringio ediret. Mit Figuren. Fol. Speyer 1532.

Alſo

Also ist dieses in Georgi grossen
Bücher-Lexicon Part. IV. p. 200.
eingetragen. Obwohlen mir nun die
erste Auflage dieses Testaments zu
Straßburg de a. 1527. bekannt war,
so wußte doch von einem Umdruck zu
Speyer nichts, bis ich endlich in Herrn
D. Zeltner Unterricht von der alten
und raren Wormsischen Bibel p. 29.
ersahe: daß von diesem zu Straßburg
a. 1527. gedruckten Testament noch
eine Edition, und zwar a. 1532.
in eben dem Format und Littern her-
ausgekommen, nur daß man einen
neuen Titul umgeschlagen, damit es
desto bessern Abgang finden mochte.
Es erwehnet aber Herr D. Zeltner,
weder den Inbegriff des Tituls, noch
Orts und Druckers. Weilen jedoch
Georgi diese Edition einführet, hingegen derjenigen von a. 1527. keine
Erwehnung thut, so finde nicht satt-
samen Grund davon abzugehen, und
den Ort Speyer aus Irrthum
beygesetzet zu halten, da die Sache
selbst mit der Jahr-Zahl übereinstim-
met, und das Buch oder Titul-Blatt,
würcklich a. 1532. umgedrucket worden,

den. Wenigſtens bin ich hierdurch
entſchuldiget, wenn dieſes Speyriſche
Neue Teſtament hier einführe, welches eben ſo rar, als die erſte Straß-
burgiſche Ausgabe ſelbſten iſt. Weilen das Werck einen Speyriſchen Ver-
faſſer und eine ganz beſondere Einrichtung, benebens viel curioſes und
merckwürdiges bey ſich hat; auch
umſtändlich und unpartheylich, nir-
gendwo recenſiret iſt, wird es dem Le-
ſer, nicht unangenehm ſeyn, wann
mit ſelbigem dieſe Nachrichten be-
ſchlieſſe. Die erſte Edition hat folgenden Titul:

Das nüev Teſtament kurz und
gruntlich in ein ordnung und
text, die vier Evangeliſten, mit
ſchönen Figuren durch außge-
führt ſamt den andern Apoſto-
len. Und in der Kayſerlichen
ſtat Speir volendet durch Jaco-
bum Beringer Leviten. In
Jahr des heiligen Reichtags
1526.

und

und am ende

Und iſt diß Buch gedruckt in Herr
Jacob Beringers Koſten, zu
Straßbnrg, von Johannis Grie-
nigern, uf den Chriſt abent an dem
M. D. und XXVII. Jare. in Fol.
454. Seiten und 65. Kupfern.

Auguſt Beyer giebet ſolches in arca-
nis ſacris Bibliothecarum num. 9.
billig als einen ſehr raren Codicem
an, gehet aber mit deſſen umſtändli-
chen Beſchreibung vorüber. Ich habe
es zuerſt, in der vortrefflichen und
prächtigen Churfürſtlichen Bibliothec
in Mannheim zu ſehen bekommen,
ohnlängſt aber das Glück gehabt, ſolches von Straßburg, mit ausnehmend
ſchöner Illumination aller Kupfer, in
die hieſige Raths-Bibliothec zu ver-
ſchaffen. Die ſehr feine Farben und
Vergüldung, welche nicht im gering-
ſten abgenutzet noch verblaßt ſeyn,
macht die Vermuthung, daß dieſes
Exemplar, ehedeme und bald nach
deſſen erſcheinen, auf Koſten eines
groſſen Herrn von einem künſtlichen
Mahler verfertiget worden, als welcher ſeine Kunſt hie und da neben und

unter

unter denen Kupfern, nach eigener
Willkühr, mit eingemahlten Vögeln,
Blumen, kriechenden Thierlein, alle
vortrefflich nach der Natur, hat wol=
len sehen lassen. In der Vorrede
nennt sich der Autor Levit. des me=
ren Thumstifts zu Speyer, von deme
weiter nichts bekannt ist, als daß er
Vicarius bey dieser Dom=Kirche ge=
wesen seye. Diese Vorrede ist sehr
erbaulich und geistreich abgefasset,
und handelt zuletzt von der ganzen
Einrichtung des Wercks. Darauf
folgt ein Register von 9. Bogen, über
die 29. Figuren, die in dem Evange=
lio vorkommen, und was selbige nach
dem darzu gehörigen Text enthalten.
Diese und übrige Figuren, welche
alles, so im Neuen Testament merck=
würdig, vorstellen, sind in einem Holz=
schnitt sehr artig und angenehm mit
vielem Fleiß und Kunst verfertiget,
die zumahlen in unserem Exemplar,
die Gold= und andere der besten Far.
ben, schön erheben. Man siehet da=
rinnen keinen Unterschied mit Linien,
außgenommen in der Offenbarung
Johannis: sonsten alle Historien,
seynd gleichsam auf ein Blatt gewor=
fen.

fen. Nur ist bey einer jeden Figur,
deren 6. bis 12. auf einem Stück oder
Blatt vorkommen, der Evangelist
mit dem Capitel bemercket, aus welchem die Geschichte genommen: Sind
solche von mehreren Evangelisten be-
schrieben, ist dieses mit denen An-
fangs-Buchstaben M. L. J. Marcus
aber zum Unterschied mit R. angedeu-
tet. Gleichet also das Werck einer
Bilder-Bibel, um etwan auch der
Jugend alles desto besser einzuprägen,
und sie zum lesen begieriger zu machen, oder nach denen eignen Worten des Autoris: Durch solche Figuren, mag man memoriren und in ge-
dechtniß nehmen, was einer lißt, was
Christus und die Apostel uff erdtrich
gethon haben. Ueber einem jeden
Kupffer sind Reimen vorgedruckt,
welche dessen ganzen Innhalt, und
Buchstaben darzwischen, die die Historien insbesondere anzeigen. Die
Poesie aber ist nach alter Teutscher
Reim-Art sehr hart, welches der
Verfasser selbst bekennet: In rey-
men gestandt ich, daß der Welt
nach, sie wohl besser mochten sein.

E   Weiß-

Weißlinger hat dieses Neue Testament in seinem obangezogenen Arma-
mentario Catholico nach der Chro-
nologischen Ordnung ad A. 1527. p.
513. auch eingeführet, solches als
ein sehr rares und denen Gelehrten
unbekanntes Buch angegeben, Aug.
Beyer Libr. cit. hätte zwar von dem-
selben, aber gar nichts sonderliches ge-
medlet, woraus zuentnehmen, daß dem
Weißlinger des D. Zeltners Send-
schreiben, von dem Lebenslauf Johannis Lufts, der Wormsischen Bibel
und der Beringerischen Concordanz
unbekannt geblieben sey). Alleine von
dem Verfasser fällt er nach seiner
Gewohnheit ein liebloses Urtel, nennt
ihn einen neuen Schwärmer selbiger
Zeit, und dessen Werck falsch und
ketzerisch, wovon unten ein mehreres
erwehnen werde. Jedoch gefiel ihm
hieran das äußerliche, und besonders
die erste Figur des Titelblatts, welche
er, wiewohl unvollkommen, auch nicht
sonder Stachel beschreibet, welches
hier vollkommen und nach deren ei-
gentlichen Verstand beschiehet, dann
deren Erfindung, und wohl angebrach-
te Abbilder, in alle Weg angemerckt

zu

zu werden verdienen. Oder dieser
Figur ist der Titel vorgesetzten Inhalts in vier Linien. Den übrigen
Raum nimmt das Kupffer ein, welches Christum als das Brod des Lebens vorstellet. In dem obristen
Theil præsentiret sich die erste Person
der Gottheit: deren ausgebreiteten
Mantel zur rechten und lincken zwey
Engel halten. Darunter erscheinet
in Gestalt der dritten Person, eine
fliegende Taube, welche über dem
Haupt des unter selbiger ersichtlichen
Bildniß Christi, schwebet: Zwischen
diesen beeden Figuren auf der Seiten,
sind wieder zwey Engel vorgestellt,
welche mit denen zwey obern in gleicher Grösse und Weite ein Quadrat
ausmachen: Der zur rechten hält einen fliegenden Zettel mit der In-
schrift: DIß. IST. MEIN. LIEBER.
SUN. Der zur lincken gleichmäßig
mit einem umwundenen Zettel und
den Worten: DISEN HöRET.
Matt. 3. Marc. 9. Luce. 9. Zur rechten des Bildniß des Heilands sind
auf einem langlecht viereckigten, mit
Linien angefaßten Denck-Zettel die
Worte auf drey Zeilen zu lesen:

das

das ist das Brot GOttes das
von Himel kumpt, und gibt
der Welt das Leben. Joannis 6.
und zur lincken in gleicher Form gegen über eingedruckt: Ich bin das
lebendig brot wer von diesem
Brot essen würt, der ist in Ewig-
keit leben. Joannis 6. Unten zu Fuß
und diesen zwey Zettlen stehen die 4.
Evangelisten: Zur rechten Johannes
und Lucas einen Korb, und darüber
ein jeder sein Evangelium haltende,
und zur lincken Marcus und Mat-
thäus in gleicher Stellung. Unter
diesen præsentiret sich der Lehr, Wehr,
und Nehrstandt: und zwar zu rechten
der Pabst, seine dreyfache Cron zur
Erd legend, kniend mit aufgehabenen
Händen, hinter ihm Prälaten, ein
Mönch und Nonne, auch also, mit
untergesetzten Worten: Gib uns
heut unser teglich Brot. M. 6.
Lu. 11. Zur lincken der Kayser nach
dem Bildnüß Maximiliani I. wie es
gemeiniglich in den Abzeichnüssen vorkommet, kniend mit seiner vor sich
niedergelegten Cron und aufgehobe-
nen

nen Händen, hinter ihm in gleicher
Positur Fürsten und Herren, und zu
hinterst, der Mehrstand, wo ein Bäur-
lein mit seiner Karste hervorsiehet
und unter ihnen die ausgedruckte Worte: HErr gib uns all Wege solchs
Brot des Lebens. Jo. 6. Vor dem
Angesicht des Pabsts und Kaysers
lieget ein verschlossenes Buch, in
Form einer Tafel, worauf das Zei-
chen *AA* zu sehen.

Zu End dieser Titel-Figur.
Cum Privilegio.

Die übrige Einrichtung betreffend,
sind die 4. Evangelisten von dem Ge-
schlecht JEsu Christi, dessen Empfängniß, Geburt rc. an, bis zu seiner Himmelfahrt in eine harmonische
Ordnung mit vielem Fleiß verfertiget, also daß in dem Text jederweilen
die Evangelisten, wo eine Gleichstim-
mung vorkommet, nach deren An-
fangs-Buchstaben bemercket werden.
Aus denen Worten des Verfassers,
„wie er sich dieser Arbeit gedultig un-
„terzogen und zusammen gesetzet, der
„4. Evangelisten Evangelia in einen

E 3　　　　　text

„text ordnung und Evangelischen
„Verstand und nichts zu oder ab-
„gelegt den Evangelisten; bit hiemit
„meine Arbeit und Ernst also aufzu-
„men, in christlichem Urtheil rc. „
ist zu schliessen: daß er hierinnen keinen Vorgänger gehabt habe, noch eines andern Werck da sich bedienet,
sondern diese also eingerichtete Har-
monie seine eigene Erfindung gewesen seye, welche 170. Seiten anfüllet.
Bey denen Evangelisten, finden sich
viele jedoch ganz kurze Rand-Glossen,
in dem Text selbsten auch ziemlich
weitläuffige Anmerckungen, welche
aber durch die kleineste Lettern von
dem Text wohl unterschieden sind.
Die andern Schriften neuen Testaments oder deren Apostel, haben zwar
Rand-Glossen, aber keine Anmerckungen. Auf der zweyten Seite des
letzteren Blats, gibt er einen beson-
deren Unterricht, wegen den einge-
flossenen Druckfehler oder Irrungen:
Seine Worte sind dißfalls sehr be-
weglich: „Mein getreuer Leser
„(schreibt er) und Liebhaber aller
„Evangelischen Wahrheit Christi
„JEsu unsers Heylands, demüthig-
„lich

„Uch ist mein fleißig Bitt durch Chri-
„stum JEsum, du wöllest sanftmü-
„thig zu Hertzen fassen, so etlich emen-
„de, du finden möchtest in diesem ge-
„genwärtigen Testament buch — und
„am End: — Ach mein Leser, nun
„wolt ich jedoch gern dich warnen,
„vorm urtheilen und verdammen, wie
„die Welt dann wol kan. Bit dich
„insunderheit fleyßig dafür, besich es
„wohl ee dann du urtheilen bist und
„ermiß meine ernstliche Liebe. Ueber-
haupt bewähret all dasjenige, was
von seiner Feder, in dieses Werck ein-
geflossen ist, daß er ein frommer, got-
tesfürchtiger, und die Evangelische
Wahrheit liebender Mann gewesen
seye, welcher das Verderben selbiger
Zeiten in Lehr und Leben wohl einge-
sehen hat. Von jener weiß er keine
andere, als die in dem unüberwindli-
chen Neuen Testament Christi JEsu
gegründet, und durch das Alt Testament befestiget ist. Er beruft sich
auf aller Menschen Gezeugniß: „so
„ne das heilige Evangelium klar und
„ganz geleßen oder gehört hont,
„ob doch etwas mangelß sey in Ge-
„botten, Verbotten, so zu der eer

„Got-

„Gottes und seeligkeit des menschen
„mödht kummen und gehöhren, das
„doch auch im Evangelio nit gewal=
„tig verzeichnet und gemelt seye und
„ist? Fürwar, fürwar, halt die Evan=
„gelische Gebott, du wirst nimmer
„dörffen feyern in guten wercken.
„Deßgleichen in Verbotten, wirst
„auch nimmer on streit und anfech=
„ten erfunden werden hie uf erden.
Seine letzte Glosse am End des Evan=
gelii ist sehr nachdrücklich: „O! JE=
„su, unser aller GOtt und HErr,
„hilf uns dazu, das dein wort, pur,
„reyn furgetragen werd, alß du es
„befollen hast, durch dein heiliges ley=
„den es befestiget und versiegelt, hilff,
„hilff, es thut unß nott. alßdann
„wirstu würcken alzeyt bey unß.
„Dazu helff unß der eynig ewig
„GOtt, Vater Sun und Heyliger
Geist. Amen.

Nun ist annoch zu berühren übrig,
aus welchem Grund und Anlaß,
Weißlinger den Jacob Beringer als
einen Schwärmer und dessen Testa=
ment falsch und ketzerisch benennet
habe? Von jenem Prædicat weiß er
keine

keine Urſach anzugeben, es müßte
dann dieſe, die an dem Beringer aus
allen ſeinen Anmerckungen und Gloſ-
ſen, bemerkte Frömmigkeit und er-
bauliche Schreib-Art, dergleichen
freylich und mit ſolchen Ausdrucken
bey wenig Geiſtlichen ſelbiger Zeit
anzutreffen geweſen, ſeyn: von letzte-
rem aber zeiget er die alleinige Urſach
an, weilen der Text Röm. III, 28. ganz
ketzeriſch lautete: ſo halten wirs nun,
daß der Menſch gerechtfertiget werde, on zu thun der Werck des Geſetz,
allein durch den Glauben: vermey-
nende, daß er D. Luthers zu der nem-
lichen Zeit herausgekommenem neuen
Teſtament gefolget ſeye. Indem
aber dieſes, auf ein ungewiſſes, vor-
ausgeſetzet iſt, vor Luthero das ſola
fides in vielen Biblen und auch teutſchen Ueberſetzungen geſtanden hat,
dergleichen dem Beringer eben ſo
wohl aus einer andern Speyriſchen
Bibliothec ein Exemplar, als des D.
Luthers neues Teſtament in die Hän-
de gefallen ſeyn könne, zumahlen
Weißlinger ihme ſelbſt das Zeugniß
gibt, daß er bey der Empfängniß
Chriſti, fol. 15.a. den Engliſchen Gruß,

E 5　　　　　　　　gut

gut Catholiſch ausgedruckt, deßgleichen 1. Jo. v. 7. von denen 3. Zeugen,
mit Luthero nicht übereingeſtimmet
habe; Hält man benebens den ganz
unterſchiedenen Dialect des Berin-
geriſchen gegen D. Luthers Teſtament
und die mannigfaltige Abweichungen
von deſſen Ueberſetzung gegen einander; So läſſet ſich gewiß nicht be-
haupten, daß Beringer ſeiner Zeit
D. Luthers neues Teſtament, zu dem
Grund des ſeinigen legen, und aus
demſelben das Wort, **alleine**, nehmen wollen, welches er bereits in ſo vielen andern teutſchen, vornehmlich in
der Nürnbergiſchen von Ant. Kobur-
ger a. 1483. gedruckten Biblen des
fünfzehenden Jahrhunderts finden
und antreffen können: in deren älte-
ſten einer, die Worte: **alleine durch**
den Glauben, ohne die Wercke der
Ehe, (i. e. des Geſetzes) zu leſen ſeyn.
Vielmehr veroffenbaret Beringer,
daß er nicht durch ein ſimples Nach-
ſchreiben, ſondern durch eine ſeelige
Ueberzeugung ſeines Herzens alſo zu
dencken bewogen worden, da er in ſeiner Anmerckung über den Stamm-
Baum

Baum Christi p. XIIII. also schreibt:
O Welt hie merck wo die Kinder Gottes herkommen allein durch den Glauben, gleich wie überhaupt jene aus allen
seinen Anmerckungen hervorleuchtet,
nur eine hier anzuführen: p. 92.

O Welt und taußend Welt ver-
ließ eben des HErrn Christ JEsu
Abschied von dießer Welt und sein
ingang, was freud und Woluft
er bye ye gehabt hat, fürwar, fürwar, dein Hoffart, neyd in allen
Stenden würt sich hoch verlieren.
Darum bitt ich dich liß oft und dick
das heilige Evangelium, wan es
het solche Kraft in leßen und hören,
die kein mensch aussprechen kan
ewig nit.

So ist ferner das Buch cum Privilegio gedruckt und zu vermuthen,
wie wenig ein geringer Vicarius bey
einer Dom-Kirchen es wagen dörfen,
im Angesicht seiner geistlichen Obrig-
keit und wie er selbsten schreibet, des
Heil. Reichtages zu Speyer, etwas
in

in Druck kommen zu laßen, so selbiger Zeit für kezerisch gehalten worden
wäre. Wie man dann zu Speyer
nicht anders weiß, als daß er in Gemeinschaft der Catholischen Kirche
geblieben, auch aus selbiger nicht ver-
stoßen worden seye. Derenthalben
dafür halte, es habe den fleißigen und
frommen Beringer das lieblose Urtel des Weißlingers, deme Schänden
und Lästern zur anderen Natur geworden, und also bis an sein Ende
verblieben, wie unzählig vielen von
der Evangelischen, auch selbsten seiner
Kirche, unschuldig betroffen, und daß
der gute Beringer in sein neues Testament nichts einfließen laßen, als
was er einfältig geglaubet und bey
anderen gefunden, mithin nicht beßer
gewußt hat. Ich zweiffele auch nicht,
daß diese seine Arbeit sonder Frucht
und Seegen verblieben seye: dann er
a. 1525. an diesem Buch arbeitete in
welchem die Stadt Speyrische Bur-
gerschaft an die vier Stifter daselbst
öffentlich gesinnete: daß das Wort
GOttes in allen Pfarren, Clöstern,
und Kirchen lauter und klar, ohne alle menschliche Erdichtungen und Zu-
saß

satz geprediget werden solle, welches
sich auch die Clerisey gefallen laſſen,
vid. Simonis Beſchreibung der Bi-
ſchöffe zu Speyer p. 203. darauf dieſes erſte neue Teſtament im Druck
erſchienen, deſſen Verfaßer den reinen und puren Vortrag der Lehre
JEſu und ſeines Worts gleichmäßig
gewünſchet, daß alſo die Verbreitung
dieſes Teſtaments das Werck des
HErrn beförderen und wohl nicht
ohne Frucht in dieſen Gegenden ſeyn
können, bis die reinere und deutliche-
re Ueberſetzung B. Lutheri in ſelbigen mehreres bekannt worden: Wie
denn gar bald darauf in Clöſtern und
Pfarr-Kirchen Prediger in der Stadt
und Vorſtädten auftraten, welche
eines reinen und lautern Vortrags
des Worts Gottes ſich befliſſen haben,
denen alles Volk, mit Verlaſſung anderer Kirchen, bis zu ihrer Ausſtoßung,
zugelauffen, und dieſes der gewiſſe Anfang zu der hernach erfolgten öffentli-
chen Annahm der Augſpurgiſchen Con-
feſſion von dem Stadt Speyriſchen
Rath und der ganzen Gemeinde geweſen iſt, ſo ſich in deren Kirchen-Ge-
ſchichten wohl aufgeſchrieben findet.

SUP-

SuPPLEMENT.

Ad ann. 1486 Jacobi Wimphelingii Schleſtadin. de laudibus & Ceræmoniis Eccleſiæ Spirenſis Carmen ad Ludovicum de Helmſtat antiſtitem Spirenſem Spiræ 1486. 4to. Dieſes Carmen enthält 322. Vers, und findet ſich in des Eiſengreins Speyriſchen Chronic von p. 14. bis 19. einverleibet, wie auch in M. Georg Lizels Beſchreibung der Kayſerlichen Begräbnuß von pag. 13. bis 42. mit deſſen teutſchen Anmerckungen und Erläuterungen voran geſetzet.

Bey-

Beylagen *ad Pag.* 8.

EXTRACTUS TESTAMENTI

Peter Drachß und seiner Ehe-
Consortin, Christinen vom Rhyne,
insbesondere deren nahmhafte Stif-
tung und merkwürdige Ursachen zu
Enterbung ihres Sohns, Thomä
Drachen, Priestern und Capellan
bey dem Stift zu St. Thoma
in Straßburg, enthaltend.

dd. Speyer den 4. 7br. 1503.

Zum Sechsten ist unser letster
Wille und begern das von stun-
den an nach deß ersteren abster-
ben durch das an der so noch im leben
ist gestift und verordnet werde Ein
Ewig singende Meß in der obgemeld-
ten unser cappellen (*) In der Pfarr
kirchen

(*) Diese der Pfarrkirche ad St. Bartholomæum
angebaute Capelle, lieget dermahlen noch in der
Asch. Es zeiget aber der Umfang nach denen
noch stehenden Mauren, deß es ehedem ein an-
sehnlich und kostbares Gebäude gewesen seye, welches die Drachische Eheleute, bey ihren Lebzeiten
verfertigen laffen.

kirchen zu Spier zu der Ere Gottes
vnd vnſer lieben Mutter mit dem Ingang Salve ſancta parens enixa puer-
pera Regem ꝛc. Vnd ſequens Ave
preclara maris ſtella ꝛc. Nemlich
uff den Donnerſtag In der wochen
ewiglichen mit vier Prieſtern der Einer celebrirt in Altare vnd die andern
dry ſingen gar vnd gantz von anfang
biß zum Ende uß, were es aber das
ſich mit der Zytt begeben würde das
uff den Donrſtag Ein gebante Vigi-
lie oder Vaſt abend oder ſunſt in der
Vaſten ſo frolichkeit der Kirchen hien-
gelegt were So ſollen die gemelten
prieſter wie vorangezeigt iſt ſolch Meß
ſingen de Compaſſione bte Marie Virginis mit Ingang und andern Zuge-
herenden Alß den ſolt Meß leblich
vererdet und uffgericht iſt darzuſetzen
vnd verordnen wir fünf gulden gelds,
die mit gutten und ſicheren vnterpfan-
den verſchaft werden ſollen.

Zum Siebenden wellen wir
vnd iſt vnſer ernſtlich meynung das
von ſtunde ane nach des erſteren abe-
ſterben gemacht uffgericht vnd geſtifft
werde Ein ewig tag und nach bryn-
nend

neude licht in der gemelten Unßer lieben Frauwen Capellen darzu sollen
durch vnsere Erben vnd Sele-
wertere dry gulden gelds die sollen
Ein ort gefallen dem Glockener der
die Ampell teglichs anzünnet vnd das
übrig were one ein ort dry gulden sol-
lent werdent vnd geben werden den
Kirchengeschwornen vor Olen zu der
Ampeln zu kauffen vnd zu ewigen Zy-
ten zu brennen die nach notturft ver-
legt sollen werden.

Zum achten ist vnser will vorne-
men vnd meynnung Thoman vnsern
vngehorsamen Sone zu enterben vnd
enterben Inen auch hiermit gegen-
wertiglich in crafft vnßers letsten
willens testaments vnd Codicill alle
und igliche vnser gütern ligend vnd fa-
rend so wir nach tode verlaßen werden vß und durch Ehelaffte Ursachen
unß billig darzu bewegend hernach
folgend.

Die erst han wir Inen gan Heidelberg ad Studium gethan, do hat
er sich one vnser wissen und willen a
studio abe und zu dem Graven von
F   Ca-

Castell in Franckenlande gethan daselbst er eynen lybloße gemacht und
derselbe Grave hat hernach dem Rath
zu Spiern geschrieben er habe Jme
ein pferdt harnisch und Cleynot em-
pfürt alß gut alß achtzig gulden wert
und der Rath erfordert vnß alß die El-
tern daran zu halten, das Jme sollich
gelt von vns bezalt und entricht
werde.

Item Darnach haben wir Jme
geholffen In die Cappellany zu sant
Thomam zu Straßpurg die Jme
vnser Vater und Schweher als Lehen Herren derselben Capellanen ge-
lühen haben dabey er nit lang blie-
ben, sunder hat Eynen ein Pfert ent-
ritten geacht vor dreyßig sechs gulden vnd des wirttes tochter zu Ha-
genau hinder sich gesetzt und hintwegk
gefürt zu schmehen Unsere vnd anderer unserer guter Frunde vnd mitver-
wandten.

Item auch seinen Capellan der
die Capellany zu versehen gehapt hat
gnant Her Heinrich Keller Vicarius
zu sant Thoman zu Straßpurg Ein
Kist uffgebrochen und Sechs silberne
Be-

Becher daruß genommen vnd damit
hienwegk geritten derselb Her Hein=
rich vnß darnach angesucht vnd an=
gefochten hatt Jme solche Becher zu
bezalen, darzu hat Thoman vnß
zu derselbigen Zeit ob achtzig gulden
werth zu Straßpurg entpfürt.

Item Darnach ist er nach vieler
vnd aller hande mißhandellung widder
geyn Spier khommen vnd uns durch
Erberlüte erbetten das wir Jme ha=
ben geld geben Ein dispensation zu
Rome zu erlangen, alßo ist er widder
heym khommen vnd hat mit Jme.
bracht Ein format das er priester
gewyeht sy darauff haben wir Jnen
widder geyn Straßpurg geschickt vnd
Jngesetzt zu syne Pfründe Jnen er=
lich gecleydet vnd Ein Erber Her=
brich vnd Tisch bestalt, damit er seinem
priesterlichen Ampt und der Pfrün=
den erlich vorgesin mechte.

Item Das hat nit lang gewert,
ist aber mit schanden uß Straßpurg
gescheyden vnd aber ein Pfert entwel=
tiget vnd hat sich aller Eren erwe=
gen sein priester kleyder vßgethan
vnd

vnd in Eins offenbahrlichs lantß
Knechts wyße in der Stadt Spier
gangen vnd im lande offenbarlich lang
Zeit vnverschampt Kriegs leuffe gebrucht vns und den vnsern zu schmehe
und schanden vnd in West Flandern
sich der Büberey gebrucht biß er aber-
mals Einen lybloß hat gemacht gnant
Hempell ein Metzler von Spiere.

Item Darnach haben wir Jme
über den Todschlag erlangt mit schweren Kosten an Unßern heiligen Vatter
dem Babste Alexander Ein dispensation das er sein Beneficium zu Straßpurg hat megen behalten vnd darzu
ander ehrlich pfründen mecht besitzen
und erlich Ampt der Kirchen tragen
Inhalt derselben Bullen, die er bey
seinen Handen hat.

Item Deßgleichen so haben wir ein
Bull mit mercklichem gelt erlangt am
Cardinal Raymundo de latere das er
sein Capellany zu Straßpurg hat
megen besitzen, davon er zu bekhom-
men hundert gulden hett megen haben jerlich nutzung.

Item

Item über alles gut so Ime von
vns wie vorbeschcen ist er one alle
redliche Ursach vor myn Peter Drachen Huß hiengangen do ich bin geseßen bey Docter Paulus Blentz sich
umbgeworffen sein Meßer gefürt vnd
sich zu mir gethan mich vnterstanden
zu schlachen vnd mich der benannt
Docter Paulus In myn Huß Ime
entweltiget vnd alß der benannt
Docter Paulus des morgens Inen ge-
strafft hat er gesagt wo er Docter
Paulus by mir nit were gewesen so
wolt er mich lybloß gethan und gemacht han.

Item Mehr hat er in diesem Jaar
vor Faßnacht mit synen vnwarhaffti-
gen briefen vnß eingenommen one
vnser Befelch willen vnd wißen zu
Heidelberg an gelt und werth andert-
halb hundert gulden von Hanßen des
Pfaltzgraven trompeter und sinem
Sgne Jacoben vnd sie der schulden
vnd guter quittirt.

Item an sant Johans Baptisten
abendt nechst verschienen hat er vnß
by nacht in vnser Huß zu Wormbs
F 3   gebro-

gebrochen vnd vns ob achtzig gulden
werth entweltiget vnd die in Kurtz
verthan hat auch mir Petern darüber
getrauwt, wo er mich ankomme, well
er mich vmbringen, vnd das mein
verbrennen.

Item mehr so hat er uns zu mehr=
malen in vnfer Huße zu Spier gebro=
chen vnd vnß an Clynot an Büchern
Pferdt und andres entragen ob zweyer
hundert gulden werth.

Item über das alles hat er das
genant Beneficium das myn Peter
Drachen Vatter Jme geliehen hat
vnd ich dieser Zeit lehen Her bin mir
vnd myn nachkhomnen zu abebruch
vnser Lehenschaft verkaufft oder sonst
hiengeben durch sein angeben vnd ver=
willigen vnser Heiligen Vatter der
Babst Alexander angesehen daß es
de jure patronatus ist geliehen einem
genant Silvester zur Klocken Clerigk
zu Spier vnd sich benannter Thoman
berümpt Er well mich vnd mein nach=
kommen vmb solche Lehenschaft brin=
gen Er hat auch sollich Beneficium
zu mehrmalen zu begeben angebotten
vmb

vmb hundert gulden wiewoln er jer=
lichen daruß Jarlichen nußung gehept
vnd mocht bracht haben ob hundert
gulden.

Doch wo sich begebe das nach vn=
serm tode vnd sterben vnsere Erben
oder testamentarn villeicht durch ab=
sterben etlicher Zügen vnd andere
mnßhelle nicht mechten die angezeigte
Ursach der enterbung wie zu recht
gnug widder Inen beweyßen oder
bybringen vnd minus legittime ge=
acht werden solten oder mechten so
verschaffen ich Ime itzund alß den
vnd dan als itzundt hundert gulden
vor sein legittima vnd wo sie nit ge=
nugsam weren so soll man das erfüllen
usque ad suam legittimam, doch da
von Ime abgezogen sollen werden sol=
liche schulden die er one vnsere wissen
vnd willen uffgehaben schaden
gethan und Bücher ver=
faufft hat.